JN299419

所 有 論

●

高橋一行

明治大学社会科学研究所叢書
御茶の水書房

前書き

 本書を書こうと思った直接のきっかけは，最終章で引用したレッシグの知的著作権を巡る議論を読んだことにある。2001年に私はアメリカにいて，レッシグがディズニーやマイクロソフト社を相手に，論争を仕掛けているのを目の当たりにして，刺激を受けた。その年の正月に，私は『ホッブズからヘーゲルへ—全体論の可能性—』という，私の最初の著作を出していた。そこでは，ヘーゲルをベースにして，ホッブズ，スピノザ，ヒューム，ルソー，フィヒテを扱った。それを刊行すると同時に，次の計画がおのずと生まれ，それはその著作で扱えなかったロック，カント，マルクスを，同じくヘーゲルをベースに扱うというものであった。やがて，先の知的著作権の議論と併せて，彼らの所有論をまとめたいと思うようになって行ったのである。

 もうひとつは，その年の9月11日にテロがあり，私は事件の現場から遠く離れた西海岸にいたのだが，それでもアメリカ人の反応を生で見聞きし，それはテロそのものと並んで衝撃的だったと思う。間もなくアメリカは国を挙げて戦争に向かって行ったからである。その間の体験があり，すでにカントを読んで，平和の問題が所有の問題であるということに気付かされていたから，この問題が先の知的所有論と近代の所有論とにつながるはずだと思われ，おおよその結論について，その着想を得た。それが最終章となった。

 2002年をドイツのボンで過ごしたのち，2003年から，ロック，カント，ヘーゲルの所有論を，またさらにはマルクスまで言及したものを，日本語と英語でいくつか書いてきた。その際に，いくつか不満が出てきた。その不満について，以下論じておきたい。

 まず，最初のものは，次のようなものである。所有を巡る議論は，世に夥しいものがあるが，その内のひとつのグループは，ロックを巡るものである。ロック契約論の基礎に所有論があることは，ロック自身が明示的に述べているから，そしてロック所有論が，資本主義やリベラリズムを基礎付けているのは明白だから，ここに議論が集まるのは当然である。マクファーソンを筆

頭に，さらにはノーヴィックのリバタリアンの主張も，ロックを下敷きにしている。さて，もうひとつ，とりわけ日本において，マルクス主義が独特の所有論を展開している。それは1970年代をピークに精力的に議論されていたように思う。私の不満は，そのロック所有論の議論と，マルクス主義の所有論とが，何のつながりもないかのように見えることであった。資本主義を正当化する議論とそれを否定する議論との間に何のつながりもないのは不思議ではないかもしれない。しかしマルクス自身が言っているように，資本主義の肯定的理解の内にしか，その否定の論理は見出せない。ロックとマルクスとの間に，つながりを付けるべきである。そのためには，哲学史的に，その間に位置するカントとヘーゲルの所有論を明確にすることが必要であると私は考え，それによって，両者を結び付けようと思った。

　ふたつ目の不満は私自身に向けられる。ようやくロック，カント，ヘーゲルと論じて，しかしそれらの議論は，あまりにも平板であった。ロック契約論の根本にロック所有論があることは，すでに書いたように，ロック自身が明確にしている。しかしさらに，ロック所有論は，ロック認識論にも関わり，ロック哲学全体の基礎付けをしているのではないか。論文を書き終えて，そのことに私は気付きながら，しかしそこまで言及できないことに苛立った。ロック認識論の膨大な蓄積に疎い私に，そこまで踏み込む勇気はなかった。さらに，カントにおいて所有論は，まったく正当に評価されていない。しかし私の考えでは，これは，カント哲学の根幹に関わるかもしれないのである。具体的には，『判断力批判』と所有論は密接な関係にあり，『判断力批判』の読解をすることで，カント哲学を再編成しようという近年の議論に，所有論は大いにヒントを与えるはずである。だが残念なことに，ここでも，カントについては素人である私には，カント学者から失笑されるに決まっている無茶をやらかす勇気はなかった。さらには，ヘーゲルにおいても，所有論は，ヘーゲルの体系，具体的には，『論理学』で示される体系の中で，中心的な位置を占めると私には思われるのに，細分化され，分業の進んだヘーゲル解釈の中で，『法哲学』と『論理学』を結び，さらに後者を前者の議論によって，解釈し直すという試みを発表するには，十分な戦略が必要で，私にまだその準備

がなかったのである。

　もうひとつ不満があった。所有論の膨大な議論の中には，先のふたつのグループの他に，近年では，現代的ないしは現代思想的所有論と呼ぶべき一群がある。これも，先行するロック所有論とマルクス主義所有論から断絶しているように私には思われる。資本主義を正当化する議論，それを批判し，社会主義を待望する議論と，その両者に幻滅した後に出て来た議論と，三者につながりがないのは，それはそれで仕方ないのかもしれないが，しかし膨大な先行議論をまったく無視して，新たな議論を展開しても，不毛ではないか。さらには，前二者は，社会に対して積極的な提言をして来ており，確かにそれは資本主義を無制限に肯定するものであったり，社会主義になればすべてが解決するというものであったりと，ナイーブなものも含まれていたけれども，積極的に政策と関わって来たのである。しかし私が，現代思想的所有論と名付けるものは，社会の中に隠された矛盾を露呈させればそれで充分だと考え，また，積極的な政策が必然的に持たざるを得ない欠点を指摘するばかりで，自らは何も具体的なことを言わない，ないしはただ単に，失望感の表明をするに留まっているものが多いように私には思われた。それが私には不満なのである。

　私は，それらに対しては，もう一度，カントとヘーゲルを経由して，マルクスを読み込み，あらためてその提起された問題意識を解釈し直し，それを情報化社会という現代の状況の中で解明して，やはり積極的な提言にまで進みたいと思った。資本主義社会は，高度に発達すると，必然的に消費化社会に移行し，それはまた必然的に，情報化社会を生む。その情報化社会の分析に，マルクスの資本主義分析は，なお有効である。ただしそれには，所有論を，知的所有論まで扱えるものにしなければならない。ここで，冒頭の，知的所有論の議論と，以上の私自身の遍歴とが結び付く。

　2002年に，私はボン大学応用数学科内に設置された複雑系研究所に籍をおいて，数理政治学の研究を試みていた。その中で，ネットワーク理論に出会い，資本主義社会における貨幣の変動と現代諸国家の持つ権力の偏りから生じる暴落や戦争を防ぐには，複合貨幣の導入と，それを管轄するネットワー

クとしての世界政府が必要だという知見を得ていた。それをいくつかの国際学会で発表をし，参加者と議論を積み重ね，いよいよ本を一冊出したいと思うようになった。同時に，長い間関わってきた，地元葛飾での教育運動の反省から，2004年に，『教育参加―学校を変えるための政治学―』を書き，さらにその続編を用意しようと思い，地域貨幣の導入と，それを活用した，教育と福祉に特化した地方政府論を展開したいと考えていた。それらはそれぞれ，英語と邦語とで本にする予定だが，その結論は，この『所有論』とつながる。つまり，現代資本主義とそれを支える現代国家の持つ矛盾を克服する具体的な方法の提言が，そこで得られ，それを以て，同時に，所有論の結論とすることもできる。それは資本主義の無条件の肯定でもなければ，社会主義の待望論でもなく，かつ両者に対する失望に終わるものでもない。その三者の次に来る，情報化社会の所有論である。

　大雑把に言えば，以上の見通しで，『所有論』を書いてきた。どの章，どの節から読んで頂いても良いと思う。

所 有 論

目　次

前書き　*i*

第1部　近代所有論

1-1　ロック論 ………………………………………………… 5

1-1-1　『統治論』の所有論　*5*
1-1-2　『自然法論』の所有論　*12*
1-1-3　『知性論』の所有論　*20*

1-2　政治思想史と数理モデル ………………………… 29

1-2-1　ホッブズ論　*29*
1-2-2　ヒューム論　*32*
1-2-3　思想の伝播　*36*

1-3　カント論 ………………………………………………… 43

1-3-1　『法論』の所有論　*43*
1-3-2　『平和論』の所有論　*48*
1-3-3　『判断力批判』の所有論　*55*

第2部　ヘーゲル論

2-1　ヘーゲル所有論一般 …………………………………… 67

2-1-1　『法哲学』の所有論　*67*
2-1-2　初期ヘーゲルにおける所有論　*72*
2-1-3　『精神現象学』の所有論　*82*

2-2　『論理学』の所有論 ……………………………………… 90

2-2-1　中項としての身体　*90*

　　2-2-2　判断論から推理論へ　*94*

　　2-2-3　推理論から理念論へ　*97*

2-3　ヘーゲルの知的所有論 …………………………………… *102*

　　2-3-1　知的所有の諸概念　*102*

　　2-3-2　知的所有の諸特徴　*105*

　　2-3-3　普遍と個別　*112*

第3部　現代所有論

3-1　マルクス主義の所有論 …………………………………… *127*

　　3-1-1　疎外論的マルクス主義　*127*

　　3-1-2　物象化論的マルクス主義　*130*

　　3-1-3　推理論的マルクス解釈　*133*

3-2　マルクス主義以後 …………………………………………… *139*

　　3-2-1　吉田民人の所有論　*139*

　　3-2-2　所有論の現代的な疎外態について　*144*

　　3-2-3　システム理論における普遍と個別　*148*

3-3　所有論の可能性 ……………………………………………… *155*

　　3-3-1　情報化社会の所有論　*155*

　　　a.　著作権への制限　*155*

　　　b.　べき法則と格差　*158*

　　　c.　情報化社会の政策　所有に対する制限　*165*

　　3-3-2　リベラルな民主主義は戦争を防ぐか　*169*

　　　a.　ドイルとラセット　*169*

  b. トッド　*171*

  c. ロールズ　*175*

 3-3-3　ネットワーク世界政府論　*180*

  a. 複合通貨について　*181*

  b. 通貨バスケットの可能性　*185*

  c. トービン税の可能性　*188*

参考文献　*195*

後書き　*208*

所有論

第1部　近代所有論

1-1　ロック論

　ロック初期の『自然法論』，及び，成熟期の著作である『統治論』，『知性論』[1]における所有論を，この順にではなく，つまりロック思想の生成を追うことを第一の目的とはせず，その論理的な展開を試みるべく，読解したい。1-1-1 では，『統治論』において，所有というテーマが，彼の社会哲学の根本であること，そして，その際に，自然法の遵守という観点を重要視することによって，様々な所有権の概念が確認できることを見て行く。1-1-2 では，『自然法論』において，自然法の獲得という観点が主張され，これが，所有論のみならず，経験論的認識論の基礎となっていることを確認する。1-1-3 では，『知性論』において，認識と所有が同じ構造をしていること，また人格はその内に，認識された知識を身に付け，かつ知的財を含んで様々な財を所有することで，人格を形成して行くこと，またさらにそこから，所有という行為がそもそも認識よりも論理的に先行すること，以上が確認できる。

1-1-1　『統治論』の所有論

　ホッブズの契約論に比べて，ロックのそれはどうにも凡庸に思える。方法論的個人主義を確立し，エゴイスティックな諸個人が，合理的に判断して，逆説的に，国家設立のために契約を結ぶに至る，そのダイナミズムこそが，近代政治学の始まりを告げている（高橋 2001 第一章）。それはまさしく画期であって，ホッブズの荒業に比べると，その発想をそのまま踏襲し，ただ単にそれを常識的に修正したかのように見えるロック契約論に，その魅力は乏しい。つまりこういうことである。ロックにおいては，自然状態で，人々は自然法に従って，すでに財産を所有している。その所有を守るために，契約を結んで国家を作る。自然法に従え，自然状態で成立していた平和を守れというのは，近代国家の正統性を近代以前に求めていることに他ならず，理論装置について言えば，ロックはむしろホッブズよりも後退しているのではあ

るまいか。
　しかし結果として，ロックが，個人の基本的権利を擁護する，近代的政治学を作ったのは紛れもない事実であり，とすれば，そのメカニズムをここで考察しなければならない。出発点は，自然状態である。
　自然状態とは，「完全に自由な状態であり，自然法の範囲内にあって，自らの行動を律し，自ら適切だと信じるところに従って，財産と身体（person）を処理することができる」（4節），そういう状態である。
　しかしその自然状態を破ろうとする者が必ず現われ，その者に対しては，互いに戦争状態に入る。つまり自らの財を守るためには，自ら暴力的に犯罪者に向かうしかない。この戦争状態の中では，人は「天に訴えるほかに道はない」（21節）。
　それから，後に本書全体で特に詳しく論じられる予定である労働による所有権が確認され，いよいよ契約論となる。それは第七章で論じられる。89節では，次のような文言がある。
　「それゆえ，どこででも，何人かの人々がそれぞれ自分の自然法執行権を棄て，これを公共に委ねるようにして，ひとつの社会を結成するならば，そこにのみ，政治社会[2]が存在する」。
　これがあらすじである。所有が，自然状態で認められていて，しかしそれを破るものが出て来るので，その所有を守るために，社会契約が行われるということである。すると，そこから直ちに分るのは，所有とは何かということがロック社会哲学においての根本だということである。さらに出て来るのは，労働からロックは議論を始めているということである。そこに所有権の正当化が求められる。
　おおよそここまでロックの議論を概観して，さてその上で，今度は詳細にロックの説明を読んで行きたい。どんな風にその労働や所有が説明されるのか。そういう問題意識を持って，もう一度，最初から振り返ってみる。
　まず，自然法の説明が度々出て来ることに人は気付くだろう。先に4節を引用した。すぐに続いて，6節では，「自然状態には，これを支配するひとつの自然法があり，誰もがそれに従わねばならない」とされる。その自然法と

はどんなものか。7節では,「平和と全人類の存続を目的とする自然法を遵守する」とあり,13節では,「自然状態においては,各人が自然法の執行権力を持つ」とされるが,その権力とは,11節で,「各人が持っている全人類を維持する権利,またはこの目的のために合理的なことならば,何をしても良いという権利によって,再び犯罪が行われないように,これを予防すべく,持っている権力」と説明されている。

この,全人類の維持を目的とした自然法の遵守から,個体保持が要請される。所有の最初は,栄養物を個体の中に取り入れることである。25節から始まる第五章において,まず,25節では,「肉と飲料」,26節では,「果物」と「動物」,28節では,「どんぐり」と「りんご」が取り挙げられる。全人類の維持が最重要課題であるが,そのためには,個体が栄養を摂取しなければならない。これは,個体の仕事であり,そのためには,個体の,食物の私的所有が正当化されねばならない。つまり身体は個人のものであり,その身体が栄養を欲しており,そのために私的所有が正当化される必要がある。所有の最初のイメージは,消化である。所有＝消化は単なるアナロジーではない。それは主体が外界にあるモノを主体の中に取り込むということである。他人が食事をしても,本人の腹はちっとも膨らまないから,これは,所有は本源的に私的に行われるものであることを示している。また,身体の中で栄養物となったものは,本人の身体の一部,つまり本人そのものの一部となる。

ここから直接的に,所有が正当化される。消化は身体で行うものである。身体は個体のものであり,それが労働することで,私的所有が正当化される。

人は誰でも自分の身体(person)については,所有権(property)を持っている。…彼の身体の労働,彼の手の働きは,まさに彼のものである。そこで彼が自然が用意して,そこに残していた状態のすべてに対して,自らの労働を加え,彼自身のものを何か付け加えており,そのことによって,それは彼の所有物(property)となる(27節)。

ここで身体と訳した英語は,personである。個人はさしあたって身体を

持った存在である。そして次の節には，このようにある。つまり「樫の木の下で拾ったどんぐり，森の中の木から採ったりんごを食べて栄養を得たものは，それを専有したことになる。この栄養が彼のものとなったことを何人も否定できない」(28節)のである。かくして，所有物は，本人の一部となるのである。

とりあえず，これだけを確認する。その所有が論じられると，直ちに，その私的所有に制限が掛けられる。所有の留保として知られるものは，次の二点である。すなわち，1. 腐敗の原則，2. 十分性の原則[3]である。

このふたつの留保が根本である。ひとつは，自然を腐らせないで，利用することであり，「腐らない内に利用して，生活の役に立て得るだけのものについては，誰でも自分の労働によって，それに所有権を確立することができる。しかしこれを超える場合には，それは自分の分ではなく，他の人の分なのである」(31節)とされる。

もうひとつは，他人のために十分残されていることである。「(人は労働によって所有ができるが，) それは，少なくとも他に，他人の共有物として十分なだけが，また同様に良いものが残されている場合に，(所有できるのである)」(27節)。「土地の場合においても，水の場合においても，それが十分にあれば，事情は完全に同じである」(33節)。

本当は，これらは留保ではなく，むしろこれらこそが所有の根本条件と言うべきものである。ここで重要なのは，他人への配慮，ないしは人類全体の生存であり，個人の権利ではない。このふたつの留保の内，後者は直接的に他者への配慮を示している。また前者は，直接的には，対自然を意味するが，しかし，間接的には，他者に向かい，つまり腐らせる心配のある場合には，「他の人の分」となるのだから，両者は重なる。

すると，もともと人類全体の維持という目的で自然法が存在し，そこから私的所有が正当化されるが，しかしそれは直ちに，他者への配慮を要求し，人類全体が考慮されねばならないとされる。そういう構造になっている。注意すべきは，決して，個人の自由の正当化の論証が先行する訳ではないということである。

こう言っても良い。しばしばロックは，抵抗権を設定し，基本的人権を確立したとされるが，自然法に従うというのがロックの根本にある。あるいは，資本主義の擁護をしたとされるが，しかしロックの論は，そもそもそれが目的で作られた論ではない。自然法に従うというのがロックの根本にあり，そこから所有権が正当化され，基本的人権が擁護される。それはむしろ逆説的にそうなっている。

　ロックを読む前に持っていたであろう，近代的人権の擁護者という先入観と，実際にロックを読んだときに得られる印象はずれている。このちょっとした違和感が，つまり素直にロックを読んだときに感じる違和感は重要である。

　最初から人格が完成しているのではない。最初は自然法を守るということしかない。人類全体を守ることしかない。しかしそのためには，個々人が所有をしなければならず，そこから，個人の人格が形成される。その上で，その個人を守るために，社会契約が結ばれる。人格が形成される以前に，最初に自然法に従って人は所有をするということがある。

　ここでは，ロックの理論的枠組みが，自然法の遵守という中世来のもので，際立って保守的であり，しかしその保守性から，パラドクシカルに近代性が導出されるという点を指摘したい。自然法の遵守から諸個人の所有の正当化を経て，国家が導出され，しかしその国家が諸個人の所有を守らなければ，諸個人は国家に抵抗しても良いとするのだが，それは，自然法を守って，国家に逆らうことになり，しかし国家に逆らうというのは，同時に自然法に逆らうことでもある。これがロックのパラドックスである。

　もうひとつの論点は，所有の概念に関するものである。いくつかのカテゴリーがそこにはある。ここで，所有の概念とは，どういう事態を以って，所有と呼べるのかということに他ならない。

　議論はここでも，まず労働から始まる。つまり所有の概念は，人格が労働したことによって確立するというものである。次いで，先に述べたように，その労働は，ひとつには，自然法に基づいてなされるし，またその際にふたつの制約があった。つまり他者に配慮して，また他者に配慮する限りで，所

有が認められるのだが,逆に言えば,他者に配慮しない限り,所有は認められず,そこでは他者への配慮は,同時に他者からの承認となる。そうするとこの他者から承認されるということが,二番目の所有の概念となる。

　さらに,所有物は使用,消費される。先の食物の比喩はそれを表す。それは食べられて,栄養となる。つまり使用や消費の権利が所有権である。

　そして所有物は,交換,譲渡,売買される。先の留保1において,自分の労働によって,所有物が自分のものとなったとしても,それを適切に使用できなければ,「他の人の分とすべきである」(31節)。また,36節以降では,貨幣が導入され,そこで,交換,譲渡,売買が議論される。貨幣は物が腐らないようにするために導出される。もし,交換,譲渡をしないで,物が腐ってしまえば,「万人に共通の自然法に違反することになり,…自らの使用のために必要とし,生活の便宜のために与えるべきであるものよりも以上のものに対しては,そもそも権利を持っていない」(37節),とされている。つまり,使用という概念から,必然的に,使い切ることができない物については,交換,譲渡,売買すべきということが導出される。この権利がロック所有権の最後に来る。ここで再び他者が要請される。交換,譲渡,売買するには,他者が必要で,他者が前提とされるからだ。

　ここでも,ロックの自然法の遵守とふたつの留保が,所有概念をさらに広げている。一般的に,ロック所有概念は,労働所有だと考えられている[4]。しかしそれは,他者から承認される限りでしか所有できなかったのだし,またそれは,正しく使用されねばならない。そして適切に使用できない場合は,人に交換,譲渡,売買されねばならない。こんな風に展開される。

　ここで気付かされるのは,この所有の概念は,まさに1-3で述べるカントのものであり,そして第2部で扱うヘーゲルのものでもあるということである。後に詳述するが,カントの所有の正当化においては,他者からの承認が必要であり,またヘーゲルの所有の定義には,いくつかあり,労働によるもの,他者から承認されて正当化されるもの,使用する権利があるということ,交換,譲渡,売買する権利があるということと,発展して行くものであることが論じられる。まさに,ロック所有論に,カントとヘーゲルの所有論がす

でに胚胎していると言うことは可能である。

　ロックにおいて，自然法の遵守という論理と，その際に課せられるふたつの制約がそれを示している。そうしてそこで所有された財は，社会が認める限りで適切に使用されねばならないし，適切に使用されるよう，交換，譲渡，売買されねばならない。

　以上のようなロックの論理の持つ幅を削ぎ取って，労働所有論のみを残したのが，ノーヅィックである（Nozick）。身体は自分のものであり，その身体の作り出した労働生産物は自分のものであるという考えから，自己所有権原理（この命名はコーエンである（Cohen））を導き，そこを根拠に社会を構想する。結論は，最小国家，つまり，諸個人の財産保護だけが国家の唯一の機能であるとする考えである。

　これはこれで私は論理の首尾が一貫していると思う。私がリバータリアンに対して批判するとすれば，それはその論理に矛盾があるからではない。所有を人とモノとの関係のみに求め，ロックの自然法遵守と「但し書き」に見られる他者への配慮を軽視するという，その論理の前提が間違っていて，その上で，その論理を貫くと，このような極端な社会観が構想されるということだけである。あとはそのような極端な社会で生きて行きたいとするならば，それはそれで良いと思う。ただ，第一に私はそのような社会に生きたいと思わないし，第二に，そのような社会が成り立つのは，実際にリバータリアンが支持されているアメリカの裕福な農民の社会においてだけであろうと思う。近隣と密接な関わりを持ちながら生きて行かなくても済む，わずらわしいまでもの他者からの干渉の中で生きて行かなくても済む，例外的な社会だけであると思う。そして一般的にそういう生き方が困難で，特に情報化社会の中では困難だと私は思うのだが，とすれば，やはりリバータリアンの理論の前提が間違っていると言わざるを得ない。

　さて，このように考えて，このリバータリアニズムを修正しようという考えもある。近年注目されている左派リバータリアンは，ノーヅィックの自己所有権原理を堅持しつつ，先のロックの「但し書き」を重視し，そこから平等原理を導出する[5]。そこからリバータリアンの社会観とは異なる，資源の

分配や福祉についての構想を出す。

　この考えは，直ちに，自己所有権原理のみを根拠にする立場と平等主義を重視する立場の双方から批判をされる。例えば井上彰は，本来矛盾するふたつの立場を接合させたために，ひとつには，能力差に起因する不平等の考察にまでは踏み込めていないし，ふたつ目には，今日の市場社会を特徴付ける不確実性に対してはもろいと批判している（井上）。

　私の考えは，所有論を考えるには，ロックの「但し書き」のみならず，自然法の遵守という観点も含め，そもそもロックの自己がどのように成立するかということを見なければならないというものである。そしてその自己がどのように成立するかという議論は後に，カントとヘーゲルによって，詳細に展開される。それは本質的に他者を含み，他者との関わりの中で成立し，そのためにこれも本質的に平等という観点を含んでいるものである。つまり人と人とは相互に関係を作ることができる程度には平等でなければならない。その上で人は所有をし，自由を得る。個人の自由と平等は矛盾するものではない。このことは本書全体を通じて示されるが，とりわけ3-2-2で再度議論される。

　ここでまとめに入ろう。ロック研究において，『統治論』に即しての所有論は多い[6]。例えば，マクファーソンは，自然法の制限を取り外し，私的所有を全面的に認めて，資本主義の正当化を図った点に，ロックの意義を認めている。しかし，すでに見てきたように，私的所有の正当化を通じての資本主義の正当化は，それは結果としてそうなったのに過ぎず，しかも，自然法の制約を外している訳ではない。むしろ自然法の制約があるからこそ，所有の正当化がなされ，それが結果として，資本主義の正当化につながったのである[7]。その逆説を捉えることが，ロック理解の鍵となる。ポイントは自然法理解にある。ここから，次の節に移る。

1-1-2　『自然法論』の所有論

　ここで，若きロックが書いた『自然法論』のあらすじとその意義をまとめ，学説史上の整理をする。そこにすでに，ロック後期の所有観の原型が見出さ

れる。

　そこで言われているのは，自然法を，感覚と理性のふたつ（「自然の光」という表現が使われる）を使って，経験的に認識するということである。主張はそこに尽きる。自然法の問題が経験哲学の根本にある。その際に，ロックは自然法を生得的に人が心の中に持っているという議論は退けるが，自然法が存在するということは，確信している。それは神から与えられており，問題は，それを認識する主体の構造にある。

　ロックは言う。われわれの知識には，三種類あり，刻印（inscription），伝統（tradition），感覚経験（sense-experience）がそれである（『自然法論』Ⅱ節）。そして，前二者，つまり生得観念と伝承的知識をその節の後半，及び，Ⅲ節，Ⅳ節で，批判して行く。その上でこのように言う。「議論すべき，知識の最後の方法は，感覚知覚であり，これを私たちは，自然法の知識の基礎であると宣言する」（Ⅱ節）。「実際，魂のもともとの本性に刻印されているか，感覚を通じて外から伝えられるという知識の原則がなければ，人は何も知ることができないので，この知識の最初について調べ，生まれたばかりの赤ん坊は，まったくの白紙で[8]，あとから観察と理性によって，知識を得るのか，それとも生まれつき自然法を義務の印として持っているのか，どちらなのかを調べる労力は，価値がある」（Ⅲ節）。

　注意すべき一点目は，ここで感覚と理性を通じて認識すべきは，自然法であり，つまり，後に『知性論』で論じられる，経験論的認識論の問題が，自然法の認識という，法学概念に始まるということである。あるいはこれは権利の問題であると言って良い。つまり，神からすべてが人間の内に与えられていると考えるのではなく，自己の力で，神が所与として存在させたものを獲得し得るという問題だからである。

　第二に，この『自然法論』において，労働という概念が主導的な役割こそ果たしていないが，しかし感覚器官と理性は，個々の身体が持っているものであって，そこから労働概念まであと一歩だと思われる。感覚で得られた素材に基づいて，理性が知識を構成する。これは知識を所有するということであり，身体を使って，つまり労働をして，所有するのである。「暗黒に隠れ

ている資源に日の光を当てるのは，偉大な労働である」（Ⅱ節）。そもそも先に，刻印理論は否定されている。つまりそこでは自然法は身体を使って獲得するということが含意されている。これは労働が必要ということに他ならない。神の意志に従って，神の意志を実現すべく，努力せよという自然法そのものを，人は努力して獲得せよというのである。

　そうすると，『自然法論』を以下のように，好意的に評価することはできる。つまり，『自然法論』の中に，後期の『統治論』と『知性論』の共通の基盤となり得る萌芽があるというものである。『統治論』で展開されているのは，第一に，自然状態は，自然法が支配している平和な状態であり，第二に，所有理論により，誰もがその所有を守る権利を持ち，その上に社会契約説が展開されるということであった。その自然法は，経験によって，つまり感覚器官によって認識されるというものだ。ここで生得説の否定は，自然法の問題として展開される。『知性論』で展開される議論が，ここでは自然法の問題として議論されている。

　『自然法論』は冒頭で，神が至る所に現前すること，誰もその存在を否定できないことから筆を起こし，この世のすべての法則は神の意思に服従するものであることが宣言され，「人だけが，人に適応される法則から免れて，この世に生まれてくることはできない」（Ⅰ節）とされている。これこそが自然法である。

　確かに自然法の支配が前面に出て来る，この『自然法論』に，ホッブズのあとにホッブズを受けて，近代的社会契約論を説いた思想家を見出すのは困難である。しかし前節ですでに私は，ロック後期の『統治論』においてさえ，自然法理解が根本であり，その発想は中世的であり，理論装置としてはホッブズよりも後退していること，しかしそこから逆説的に，近代の人権思想が生み出されたことに言及している。ここ『自然法論』では，さらに，その発想は，近代自然法のもの，つまり個人の基本的権利を含むものではなく，むしろ中世的であり，また自然法の話に終始して，後の『統治論』で見られる，人権概念をそこから導出する自然権には触れられず，人ははなはだ不十分な印象を持つかもしれない[9]。しかしその自然法は，神から与えられているに

しても，人間に生得的に備わってもいないし，伝承で伝わる訳でもない。人間が能動的に，経験するしかない。そしてさらに言えば，経験されない自然法は，人間の心の中が白紙状態である以上，それは存在しないのと同義でもある。これはきわめて近代的な考え方なのである。

　ここで確認すべきは，自然法の獲得という考え方である。ロック所有論は，事実問題 (quid facti) ではなく，権利問題 (quid juris) である。自然法は神によって与えられているが，それを人は，積極的に遵守し，人類を維持するために，能動的に個体の維持を図る。それが所有である。自然は神によって与えられているが，所有物は神によって与えられているのではなく，それは，人が積極的に自然に働き掛けて，獲得するものである。その正当化の論理が所有論である。そしてその限りで，ロックとカントは似ている。カントはロックと対立するのではなく，ロックの問題意識をより深く受け止めたに過ぎない。すでにこのことが，初期の『自然法論』で議論されている。

　この問題を確認するために，カント所有論を考えたい。

　土地を占有している人は，その土地の生得的な共同占有と，それにアプリオリに対応する，その土地の私的占有を認める普遍的意志とに基づいている。…人は最初の所有によって，その特定の土地を根源的に獲得する (ursprünglich erwerben) のだが，それはその人が私的に使用するのを妨げようとする誰に対しても，法によって正当に (mit Recht ⟨jure⟩) 抵抗する限りである。もっとも，この抵抗は，自然状態においては，公法がまだないのだから，法律による (de juri) のではないのだが（『法論』6節)[10]。

　最初，土地は全人類が共同で所有している。それを，誰か個人が私的に所有するのだが，それを決めるのは，法であるということである。カントにとって，ここでの法は，自然法である。まだ国家が成立する以前の話だから，それは当然である。ただし，9節では，「市民体制における自然法は，その体制が制定する法によって毀損されることはありえない」とされている。私は，この法によるという表現を，他者または他者の総体としての社会からの承認

と解釈する。ここではそれは具体的には，自然法によるし，後には，公法によると解釈する。これがカントの所有観である。詳しくは，1-3で論じる。

ここで注意すべきは，生得性とアプリオリテートの違いがここに出ていることである。生得的なものは，アプリオリに正しいが，アプリオリなものは，必ずしも生得的ではない。生得性は，人間が神から与えられて持っているものに他ならないが，アプリオリテートは人間が神に権利問題として要求するものである。土地は本来，人類が共同に所有している。その限りで，それは生得的と言えるが，しかしそれは潜在的な所有でしかなく，所有を顕在化するには，私的所有しかなく，その私的所有を正当化するのは，生得性ではなく，アプリオリでかつ根源的な獲得である。

ここに根源的獲得という概念が提出される。人は土地を根源的に所有している。その私的所有を法が認める。ロックの場合も，自然は人が共有財産として神によって与えられている。もともと共有財産であるという点でロックとカントは変わらない。それを栄養摂取から始めて，身体を通じて，労働することによって，私的所有するというロックと，共同体の中で認知されて私的所有するというカントと，根本的な差異がないことは，すでに前節で論じた。ここではさらに，ロックの自然法の獲得という概念と，カントの根源的獲得という概念が，同じ構造をしており，ともにそれぞれの哲学の全体系の根本に位置しているということを示したい。

根源的獲得の契機は以下の通りである。①誰にも帰属していない対象の把握。これは時間と空間において選択意志の対象を占有すること。これは身体による占有である。②この対象の占有と選択意志の行為との表示。③法による占有。実践理性から発し，感性的占有から，叡智的占有へと移行する（10節の要約）。

①はロックのものと言って良い。カントは明らかにロックを意識している。そしてカント自身は，さらに③へと段階を踏む。かつ，この観点は，ロックにも潜在的に見られることはすでに書いたとおりである。

もうひとつ注意すべきは，カント哲学の要約がここにあるということである。時間と空間の中で，直観が対象を構成する。これが『純粋理性批判』のポイントであった。それが，「実践理性」を経て，叡知的世界に進む。叡知的とは『実践理性批判』にある言葉で，「感覚的存在としては人間は欲望に左右されるが，理性的存在としては叡智界の構成員で，法に従う存在である」(第2巻第2章V節)とされる。

　山根雄一郎は，このカントの根源的獲得という概念に着目して，これが，アプリオリテートに他ならないこと，また，それがカント哲学の全体系の根底にあることを，論証している。

　「私たちの認識を構成する『ア・プリオリ』な道具立てとしての『直観』と『概念』とについて，それらのアプリオリテートを『生得的』なあり方と混同してはならず，むしろそれらは『自然法』の意味で『根源的に獲得される』のだと，カントは主張していると見られる」(山根2005 pp.3-4)。ここに直観とは時間と空間とにおける存在の形式の認識能力であり，概念とは多様性の総合的な統一の認識能力を指す。

　その上で，この考え方が，カントの全体系，真善美，具体的には，三大批判書を通じて現われる考え方の根底にあることを論証している。その膨大な議論を，ここでは単に紹介するに留める。しかし以下に，彼の論を使って，ロックとカントとの異同を論じたいと思う。

　カントがまず，この根源的獲得という概念を提出したとき，真っ先に考えられているのは，伝統的な生得概念の批判であり，「神からの賦与」という契機と対決する姿勢である (同 第三章)。そしてそれは，経験を可能ならしめる獲得であること，またそれは，有限な主観性の構成としてあることが確認される (同 第五章)。そしてさらにそれは，人間の多様な能力を認めつつ，誰に対してもその能力が調和的に存在すること，それは，それ以外にはあり得ないし，かつ誰にでも妥当し得るという仕方で成立しているものであること (同 第七章)，以上がカントの主張である。

　さて，それと比較して，ロックの場合，第一段階に，神から賦与されて所有する感覚器官と悟性能力があり，それを受け継いで，自然法の獲得がある。

これは，神から生得的に与えられているものではなく，人間が能動的に獲得する権利を持っているということである。その上で，個々の経験，財産が得られる。つまり個々の所有の一段階前に，自然法の所有がある。

カントの場合なら，神から賦与されて所有する感覚器官と悟性能力があり，それを受けて，根源的獲得＝アプリオリテートがある。そして，個々の経験，財産が来る。

両者において，この三段階は見事に対応している。

ロックの場合，自然法の獲得が先行する。もちろんここで，先行と言うのは，論理的な順番であり，現実的な順番ではない。実際に自然法を習得するには，その前に，様々な能力を習得する必要があり，高度な教育が必要である。しかし個々人の，個々の所有の正当化に先立って，自然法の所有の正当化が論理的に必要ということなのである。そして所有の正当化は，個々人の所有の正当化が目的ではなく，それは自然法の所有を正当化した結果として得られるものであり，正当化そのものは，人類がその全体の維持のために，個々人を維持する必要があり，その結果個々人が個々に所有して良いということに他ならない。その構造はカントの場合と変わらない。

この節ではカント論を目的とはせず，カントから見たロックの整理を試みている。神によって所有が保証されなくなったときに，どのようにその真理性を，また他者との共同性を保証するのか。それはカントの問題意識であるが，すでにロックが持っていたということが本節の結論である。

ロックの自然法の獲得＝カントの根源的獲得という視点が得られると，そこから人間の権利問題が導き出される。これは所有を正当化するための理論である。これは類としての人が神に要求するものである。そこから，この世界の所有は，個々人を媒介するしかないから，私的所有が正当化される。それは最初は，副次的なものであったかもしれない。しかしそれは後に，民主主義，資本主義の正当化の論理に使われる。さらにそれは，次節で考察されるように，認識論の問題であり，認識の真理性の保証が問題となる。これがカントを経由して，ロックを振り返って得られる結論である。

もっとも両者の違いも明らかであり，ロックの場合，自然法は生得的に与

えられるものではなく，人間が経験によって獲得するものである。そこに人間の能動性が考えられている。カントでは，根源的獲得は経験するものではない。かといって，生得的でもなく，だからこそ，アプリオリなのである。その点で両者は異なる。カントは，二重構造になっている。まずアプリオリなものは，生得的でもなければ，経験するものでもない。その上で，経験が来る。しかしロックの場合でも，最初の経験＝所有は，自然法の経験＝所有であり，それは，他の経験とは質的に異なるべきものである。それは経験＝所有を正当化するものだからだ。従って基本的な枠組みはロックとカントで異ならないと見るべきである。所有論の前提をなす箇所，つまり正当化の論理が，ロックにおいてもカントにおいても同じ発想である。前述したように，ロックはしばしば「天に訴える」という表現を使う。これは権利の問題だからである。ロックとカントの共通点はここにある。

　初期ロックが戦後発掘され，その読解が進んだとき，予想外に保守的であり，中世の枠組みの中にいることに対して，また同時に，後期ロック，とりわけ『統治論』のロックが，際立ってリベラルに解釈されていたから，その対比をどう考えるか，というのが，「ロック問題」であるとされた(田中 p.360)。本節はその答えのひとつになっている。私の考えでは，『統治論』に見られる後期ロックが，その前提において，きわめて保守的であり，中世の枠組みをかなり残していること，しかしそれにもかかわらず，きわめて近代的な結論に至ったことを，1節で示した。また，この節では，初期ロックが，誰もが認めるように，際立って，保守的かつ中世的であるにもかかわらず，カントを思わせる観点を提出していることを確認した。つまり，私の考えでは，初期が保守的で，後期がリベラルというのではなく，初期，後期，それぞれの中に，「ロック問題」があり，それぞれに解決しているように思われる。もちろんこう言ったからといって，初期ロックと後期ロックが同じであるということにはならない。当然，30年の年月は，ロックの思想を深化させたはずである[11]。そのことは次の節で示される。

1-1-3 『知性論』の所有論

ロック『知性論』は，長い，そして生得説の否定に終始する，第一巻を終えると，さらに長い第二巻があり，それは，「観念について」とあって，その主張は一見明瞭である。

「人間は，思考するときに，心の対象となるのは，心の中にある観念である。」(2 巻 -1 章 -1 節)「心は言わば文字を欠いた白紙」(同)であるが，そこに「経験」が観念を作る。

外界は想定されている。その外界，例えば，「風景や時計」(2-1-7)があり，その観念を，感覚器官を通じて，心の中に作る。さらにまた，心は，そうやって得た，観念に対して，知覚や思考，推理などが働き，新たな観念を心の中に作る。

これを図示すれば，次のようになる。つまり三項図式で考えるべきである。心─観念─物そのものとあり，観念は，心の中にある。心が認識するのは，物そのものではなく，観念である。

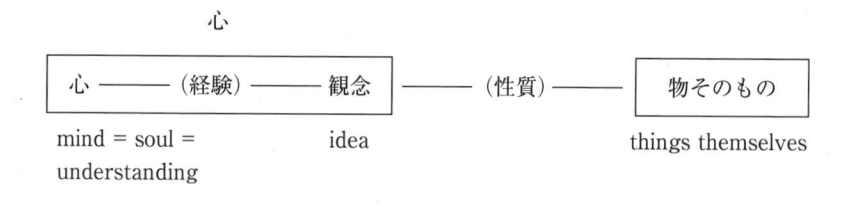

```
                    心
 ┌─────────────────────────────────────────┐
 │ 心 ──(経験)── 観念 ──(性質)── 物そのもの │
 └─────────────────────────────────────────┘
 mind = soul =        idea              things themselves
 understanding
```

ここに，性質とは三つあり，物そのものが，他の物と関わりなく持っているものが第一次性質であり(2-8-9)，その第一次性質によって，私たちの感覚器官を触発するものが第二次性質である(2-8-10)。さらに，物質の持つ，他の物と関わる能力を，第三の性質と認めたいと彼は言う(同)。これは，その節の説明に従えば，火の一次性質によって，蝋燭に火をともし，私たちの感覚に，明るいとか熱いといった二次性質を生む，そういう火の，蝋燭という他の物と関わる能力も，火という物の持つ性質のひとつなのである。

また経験は二種からなり，感覚器官から心にもたらされる源泉を感覚と言い (2-1-3)，もうひとつ心の中の作用についての反省作用をつかさどる内省 (2-1-4) とがある。

　以上が，ロック自身の説明である。また，これはロックを素直に読んで得られたものであると私は考えている。さし当たってこれは正しいだろうと思われる。

　しかし直ちに，この図式に対しては，批判があり得よう。つまり物そのものの実在性はどうなってしまうのか。物についての認識は可能なのか。その真理性は保証されるのか，といった，後のイギリス経験論が辿った隘路に，早くもロックがはまったかのような批判があり得よう。もちろんそれを隘路と見なければ，すでにロックの内に，イギリス経験論がその後に持つ論点がほぼ出し尽くされていたと見ることが可能かもしれない。

　同時に，ロックを読んで行くと，その逆の，つまり，素朴実在論のような発言も，ロックの中にはある。それもいくつも見受けられる。例えば，第2巻31章は，適切な観念についての説明である。適切な観念とは，「心が観念を得るだろうと想定し，観念にしよう，観念に関連させようとする，そういった原型を完全に表象するような観念」(2-31-1) のことである。さて，単純観念は，適切であると彼は言う。単純観念は，物が持つ能力に対応し，実在するものと確かに一致するからである (2-31-2)。

　上の三項図式では，心の対象は，心の中にある観念であり，その外に物そのものが実在するのか，あるいは実在するにせよ，それをどう心が心の中に取り入れるのかは，分からない。しかし先の，物が持つ三つの性質の説明は，物の実在性を前提にしているし，とりわけ，第三の性質である，他の物と関わる能力は，心に直接対応する。

　先の節の後半部で，ロックはさらに言う。「(火の持つ) 明るさや熱さは，私たちの内にある (明るさや熱さの) 観念を喚起する能力というよりも，火に実在するある物であるかのようである。…しかし本当はそれは，物の内にある，感覚ないしは観念を私たちの内に喚起する能力を意味するに過ぎない」。

21

富田恭彦は，上の三項図式で表される考え方を，知覚表象説と言い，私が素朴実在論と呼んだ考え方を直接実在論として，両者を対比させ，そこから彼自身の説，粒子仮説を展開する。それは，ロックの言う，物そのものとは，一次性質や，それに基づく性質を持つ，知覚不可能な，粒子，または粒子の集合体であるとするものである。その上で，彼は，知覚表象説を基本的なロックの考えとして確認し，しかし，直接実在論が混在していること，厳密に言えば，直接実在論が知覚表象説を成立させる前提であることを説く（富田）。かくして，両者は，ともに成立し，先に私が「経験論が辿った隘路」と呼んだ弊害を免れることができる。

　さてここで，私はこの富田仮説が正しいかどうかを詳細に検討することはできない。氏の論証を読む限りでは，それを正しいと思う他はないのだが，この私の論考では，以下のことだけが，重要である。つまり，心の対象は観念であり，観念は，最初は白紙の心に，物そのものが持つ諸性質に触発されて，それが経験されることにより，心の中に形成され，従って，それは，心の一部になること。以上である。物そのものは，心の対象にはならない。それは観念化されて始めて，心の対象となり，かつ心の一部となるのである。

　私がこれを正しいと思うのは，先の所有論での展開を図示すると，まさにこれと対応するからである。

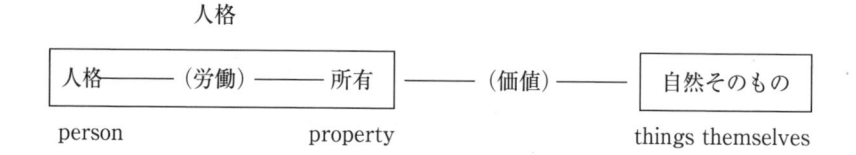

```
              人格
  ┌─────┐                       ┌─────────┐
  │ 人格 │───（労働）───所有───（価値）───│ 自然そのもの │
  └─────┘                       └─────────┘
  person              property              things themselves
```

　この図式は良くロック所有論と認識論を説明するはずである。そして，この三項図式は，カントを思わせる。いや，こう言うのが正確だろう。ロック認識論は，すでにカント認識論を胚胎している。ロックにおいて，所有物はまさに，神から生得的に与えられたものではなく，人間の力で，獲得すべき，そしてそのことを権利として要求すべき問題としてある。そして，また自然法も，生得的に与えられているのではなく，経験的に，獲得すべきものであっ

た。さらに，観念も同じ構造で，人間が獲得すべきものである。つまり，ロック認識論は，必然的にロック所有論を必要とし，それを根源として，そこから発している。そしてカントに行き着く。カント認識論もまた権利問題であり，従って，認識論は法学的問題であり，それは所有論から始まり，またそれは所有論を前提とする。「根源的獲得」という概念がそのことを示していた。ここにおいて，二者の認識論と所有論が結び付く。これが本節の結論である。

最後の論点を出すために，まず一ノ瀬正樹の理論を紹介する。彼は，先の1-1-1で論じた，労働から所有権の確立への議論を人格知識論として辿ることを主張している。そして「知識は所有を語りうる財であること，…知識獲得のための探求とは究極的には労働であり，決定とは所有することである」(一ノ瀬 p.11)という結論に至る。さらには 1-1-2 で論じた自然法の問題も，「ロックは，自然法の認識がどのように可能か，という問題を論じながら，知識を獲得するには理性を自覚的に働かせることがなによりも必要であるとする」(同)としている。その上で，知識を含む様々な財を獲得することによって，人格が形成されていくことを論じる。ここで，人格が主体で，知識などの所有物を客体として，両者を二元的に分離させるのではないことに注意すべきである。人格は主体として，客体を所有物として自己の内に取り込み，そのことによって，人格は豊かになる。両者は，関係しつつ，ともに発展する。

この考えを，先の図で整理できる。自然が人間に対して現われるときは，必然的にそれが価値賦与されたものとして現われる。しかしそこから，価値の与えられていない生の自然を想定することはできる。しかし単に想定するに過ぎない。実際に認識できるのは，また人間の手の内に存するものは，すべて価値賦与されている。価値を賦与されたものとしてしか，私たちの内には存在しない。

ここまで来ると，実は，先の章で，私が不問にしていたものが明らかになる。ロックは身体を所有すると言い，しかし身体を person，つまり人格としても扱う。一方，property も，財産の意味の他，身体やさらには人格も含んでいるように見える。

まず人格があるが，それは，最初は白紙である。その白紙の人格は，次に，

身体を所有する。そして、その所有した身体を含めて、その人格が新しい人格となる。さらに、新たな人格、つまり身体を伴った人格は、自然に働き掛けて、それを所有物とする。最初の所有物は、食物である。身体は食物を取り入れて、自らを大きくする。こうして次々と人格は、新たに取り入れた所有物を、自らの人格の中に加えていく。そして所有の最終的な対象は土地であり、人格は、身体を使って、労働し、土地を所有する。そして人格は、その所有している土地を含めて、新たな人格となる。世に、人格者と言われる人は、それなりの財産を持っている人のことである。財産まで含めて、その人の人格と考えるべきなのである。このようにロックは考える。

　自然法もまた白紙の人格によって、所有される。それから、人格は、その自然法を遵守する人格となる。知的所有物についても同様である。人は、教養を所有し、そしてそれは人格の一部となる。自然法も教養も、その人の人格の一部に他ならない。

　『知性論』から引用をしておく。第二巻「観念について」の27章は、「同一性と再生について」である。その9節に、「人格とは、理性と反省を持ち、自分を自分自身だと考えることができ、異なる時間と場所で同じ思考をするものとして、思考することのできる知的な存在者である。こうしたことは、思考と分離できない、私にとっては、思考にとって本質的だと思われる、意識によってだけなされる」とある。これはロック研究者がしばしば引用する箇所である。

　しかし一ノ瀬は、その章の最後の方に着目する。ロックはさらに言う。「人格とは、行動とその功罪に充当する法廷専門用語である。従って、人格は、法を理解し、幸不幸になり得る知的な行動者だけに属する」(2-27-26)。ここからいくつかのことが帰結される。まず、人格が法廷概念であるというのなら、まず人格の成立の前に、法が存在しなければならない。ロックの場合、自然法の存在は自明である。次に、この人格は、まず第三者がその法に同意しつつ、確定するものであり、その上で、本人が、同じくその法に同意しつつ、人格を自らに賦与された概念として、一人称的に同意することで、確立するもの(p.185f.)とされる。私はこのロック理解に同意する。そしてここで

も，これはカントのそれではないかと思う。

　もうひとつ得られる結論がある。前節で，経験―観念と労働―所有とが同型であり，両者の根源に，法学概念である，自然法の獲得や根源的獲得があるということが確認されている。さらにここで，知識は所有物のひとつであるということが確認される。つまり所有が根源である。論理的に先行する。知識はその所有するものの内のひとつである。ここで得られるのは，経験―観念と，労働―所有が，パラレルな関係にあるということに留まらず，労働―所有が根本であるということだ。それはそもそも認識の問題が，『自然法論』で扱われていたことにも現われている。自然法が要求するのは，そもそも人類の維持が大前提であり，そこから消化が論じられ，消化＝所有が論じられた。そしてさらに，消化＝所有＝思考（観念化）が論じられるのである。それは身体の作用である。胃袋，手，感覚器官と脳という身体の作用である。

　所有論が知識論の根底にあること，そして人格がその所有物とともに発展することは，ヘーゲルにおいては，自明である。ヘーゲルにおいて，先の三項図式が成り立つ訳ではない。しかし人格に所有物を取り込んで，人格が発展するという発想はまさしくヘーゲル的である。それはヘーゲルを読む者の多くが認めるだろう。ところが，ロックとカントにおいては，先のロックについての一ノ瀬の論と，カントについては，山根の論を除いて，そういう主張をしている人を私は知らない。しかも一ノ瀬は，カントについては，その経験概念を「没人格的なもの」と捉えて評価せず，それと「異質の着想の生成」としてロックを考えている（一ノ瀬 p.11）。しかし，一ノ瀬のロック論は，私にとっては，きわめてカント的である。そのことを，以下，別の引用をすることで確認したい。

　それは，1-3-2で扱うカント平和論からの引用である。それは，所有論の発展として読むことができる。所有が根本である。『永遠平和のために』では，確定条項の第三で，人は，他国を訪問する権利を持っているとされている。「訪問の権利は，地球の表面を共同に所有する権利に基づいて，人は付き合いを要求することができるという，すべての人間に属している権利である」（第2章3節）。本来，人はこの権利を，つまり地球の表面を共同に所有する権利

を根源的に持っている。そしてその権利の上に，人はまず，地球の様々な場所に分居し，戦争を利用して，それを徹底し，さらに戦争と利己心を利用して，それぞれの，分居した先に作られた国家を，法的，文化的，経済的に発展させる。そうして人は戦争を通じ，その戦争を経済競争に変えて，ついには平和に至る。所有から始まり，所有から分居へ，そして分居から戦争の必然性を，そして最後に，その戦争を通じて，平和に至る仕組みが論じられる。この平和論は，カントの余技として書かれたものではなく，カント哲学の結晶と見るべきものである。「問題とされているのは，人類愛ではなく，権利である」と，カントは，同じ節で言う。しかしそれが文化を発展させる。それはまさしく権利の問題である。

　前節までの議論との関係について，確認しておきたい。1-1-1では，自然法の持つ逆説がその主題だった。1-1-2でも，まず，人間の権利が確認され，その上で，認識＝所有が議論された。また，1-1-3で，人格の発展は，所有とともに行われる。またそれは，自然法の命令による。進化論的な，種の保存がその原動力である。

　以下のことが帰結される。1-1-1のまとめとして，所有論がロック政治学の根本であること，所有権の様々な概念について，それが自然法の遵守という観点から得られることが確認される。1-1-2では，自然法の遵守が権利問題であることが論じられる。1-1-3では，所有と認識の同型性，及び，所有を含んで人格が形成されるということ，従って，人格は所有とともに発展するということが扱われた。そして最後に，所有の根源性である。これらはロックの問題だが，同時にカントとヘーゲルの問題でもある。

●注
1) 『自然法論』はラテン語で，1660年（ロック28歳）に書かれたとされる。『統治論』としたのは，『統治二論』の内の後半，「政治的統治について」である。『知性論』は『人間知性論』を指す。両者ともに1690年に出版されている。テキストについては，文献を参照のこと。
2) political or civil society を「政治的社会」と訳した。これは，加藤節の解釈

(加藤節訳，文献参照)を参考にした。今まで，ロック研究において，civilを「市民的」と訳してきたために，またそこに過剰な思い入れをしたために生じた間違いは反省しなければならない。

3) この指摘は，ノーヅィックのものである(Nozick 7章)。
4) 森村進など，たくさんの資料がある(森村1997)。
5) これらについては，(松井)，(井上)に詳しい。また，(Vallentyne)を参照した。
6) ここではとりわけマクファーソンを挙げる(Macpherson)。所有論に力点を置いたロック解釈は，今や主流と言って良いほどである。しかし，それを具体的に，拙論と比較するには別稿を必要とする。田中正司に学説史の詳しい紹介がある(田中 補論)。また，同様の主張で，かつ先駆的なものに，タリーがいるが，彼は，所有観の概念を使用に限定していて，譲渡，交換を含めていない(Tully)。
7) ロック所有論が，当時進展していた西洋のアメリカ支配を正当化しているという論はいくつかある。その中でまとまったものとしては，三浦永光のものがある(三浦)。その論点は次の通りである。ロックの自然法の原則，つまり人類の維持という点に問題はないが，ひとつにはロックが，当時のアメリカの先住民社会に政治社会が成立しておらず，自然状態であると考えてしまった点，それから，資本主義を成立させる基盤ができていた西洋の優越を絶対化してしまった点に，先住民支配の正当化を求めているということである。私はその指摘は正しいと思うし，またこれはロックに限らず，西洋の思想家全般，とりわけヘーゲルには色濃くそれが見られることも承知していて，しかしその上でなお，それぞれ思想の原則を見て行きたいと考えている。
8) このラテン語版に有名な"tabula rasa"(タブラ・ラサ)という言葉がすでに見える。『知性論』の「白紙」は，white paperであり，「タブラ・ラサ」という言葉を使い，それを有名にしたのは，ライプニッツの『人間知性新論』「序文」である(Leibniz)。
9) 田中正司は，この『自然法論』においては，トーマスにおいてさえ，示されていた人間の自己保存の権利が，消極的にしか扱われていないとしている(田中 pp.88-89)。彼は後の，『統治論』の議論を，際立って近代的に解釈しているため，ここで扱われる自然法の保守性が気になるのであろう。

10) 『人倫の形而上学』第一部「法論」を以下,『法論』と呼ぶ。
11) 田中は,後期ロックの自然法観について,自然法の存在については,それを認め,『統治論』はその自然法の存在に依拠して書かれているが,認識論的には,自然法は断念されていて,『知性論』においては,その認識不可能性が論じられているとしている。私はそれには賛成しない。自然法の認識可能性については,この章の議論がすでに解決している。この問題は,実は大きな問題に関わっている。自然法は観念である。人が心で,経験するしかない。人間が心の中で作るものである。神が与えるものではない。同時にこれはカント問題である。田中に対する批判は,本書全体が示すことになる。

1-2　政治思想史と数理モデル

　1-2-1で，ホッブズを，また1-2-2では，ヒュームを，そして1-2-3では，思想の伝播というテーマについて書く。所有を保証する近代国家や資本主義のシステムがどのように，発生し，どのように伝播するのか，それを数理モデルを使って説明する。

　ホッブズ論は，すでに前著（高橋2001）にあり，ここではその議論を要約して紹介する。またヒューム論も，その議論の前半は，やはり前著をそのまま繰り返したものである。重複するのに，そのふたつの議論をここに再掲するのは，1-1のロックの理論が，その多くをホッブズに負っていること，またヒュームの理論は，1-3のカント理論の，一歩手前まで来ていると思われること，そのためである。つまりロックとカントを説明するのに，ホッブズとヒュームの紹介が，その導入として役立つ。またホッブズとヒュームの理論は，ロックとカントのそれに比べて，数理モデルに馴染むということもある。

　思想の伝播論をここに載せたのは，ホッブズとヒュームを説明するのに使った数理モデルが，さらに発展して，情報化社会を説明するのに十分なくらいにまで至ったと思われ，そしてその情報化社会を説明するのが，本書の狙いの主たるものだからである。具体的には，それは，3-3の各節で扱われる。

1-2-1　ホッブズ論

　ここのところ私は，政治思想史上の考えを数理モデルで説明するという作業をずっと続けてきた。最初に扱ったのは，ゲーム理論を使ったホッブズの社会契約論解釈である[1]。この本の主張のひとつ，つまり社会と個人がどんな関係にあるのか，ということに関係する限りで説明してみたい。

　利己的な諸個人が集まって，どのようにして100%の同意による社会契約が結ばれるのか，という難問はホッブズ問題として知られている。ホッブズ

はその問題に対していくつかの解答を示したが，それらは後にゲーム理論が与えたジレンマ克服の可能性に酷似している。私は以下に，ゲーム理論の与えるいくつかのゲームをホッブズの説明と対応させて，紹介したいと思う。

最初は，以下のように，ダイアド（一対一）で一回限りのゲームを考え，その中でジレンマに陥るものを考える。これを①とする。ゲームは次のようなものである。これを社会契約ゲームと呼ぼう。

ふたりの戦争状態にあるプレイヤーが，今，互いに武器を捨てて，社会契約を結ぼうとする。その際に，それぞれのプレイヤーにはふたつの選択肢がある。ひとつは約束を守って，武器を捨て，社会契約に同意する場合。もうひとつは，約束を破って，武器を保持し，相手を襲おうとする場合である。その際にどちらの戦略を取った方が得をするかと，このプレイヤーは考える。ここからジレンマが生じる。そのジレンマの型は三つあることが知られている。すなわち，①-A. 囚人のジレンマ（Prisoner's Dilemma 以下 P.D.）と，①-B. 保障ゲーム（Assurance Game, 以下 A.G.）と，①-C. チキンゲーム（Chicken Game, 以下 C.G.）である。

さて，このどれがホッブズの説明に一番近いのかというのがここの問題である。ホッブズは，その叙述の中で，幾通りにも解釈できる説明を与えている。また，そのどこの部分を強調するかによって，様々な学説が生じている。その中で私は三つの学説を代表的なものとして挙げ，それが先の三つのゲームと対応することに気付いた。そしてその中で，C.G. を最も，ホッブズ的であると判断した。

P.D. では，結局は，社会契約に同意せず，武器を保持したままの自然状態を人々は続けるだろう。ジレンマ状況を単なる説明のためのレトリックとするのは，ホッブズの本意ではない。やはりどうしたら，自然状態から脱却できるか，その方法が探られるべきである。A.G. は，今度は容易に自然状態から抜け出せるが，しかしこれは人間観の前提がホッブズのものとは異なる。ホッブズの諸個人は，あくまでも，利己的である。ところがそれに対して，A.G. は個人がすでに社会的であることを前提している。一方 C.G は，最初は，P.D. と同じく，利己的な諸個人は，ジレンマ状況にあるが，しかしあくまで

も利己的なままで，そこから社会の成立への方向を見出している。だから，私はC.G.が一番ホッブズを良く説明すると考える。

　ホッブズ解釈の様々な学説の中で，社会契約論においては，死の恐怖からどう自分の命を守るかが根本で，そのために人は社会契約を結ばざるを得ないとするものが，このC.G.の説明に相当するだろう。

　またホッブズの叙述の中には，繰り返しゲームを思わせるものもあり，これを②としよう。繰り返しゲームは，その典型は，P.D.のゲームを繰り返し行うことにより，社会契約の合意に至る，つまり，協調戦略の選択が最も合理的なものとなるというものである。

　ゲームを繰り返し行うと，なぜ協調戦略を取るのが合理的であるのかということの証明は，すでにいくつもある。直観的にもこれは妥当である。一人の相手と一回しかゲームをしないのならば，確かに相手を騙すのが合理的な選択だが，繰り返し付き合わねばならないのならば，互いに協力し合う方が，より利得が大きい。

　しかしこれはホッブズ解釈としてはいささか行き過ぎだと私は思う。繰り返しゲームであれば，容易に社会契約への同意に至るが，しかしホッブズは，ただ単に，利己的な諸個人間では，社会契約に至ることはあり得ないように見えるが，しかし死の恐怖という情念を考えれば，社会契約に至る可能性があるということだけを言いたかったのだと私は考える。まず，informalなレベルで社会が成立する可能性があればそれで良い。ただそれは可能性に過ぎず，従ってきわめて不安定なものである。当然その社会においては，ルールの侵犯者も出て来よう。しかしその不安定なために，直ちにformalなレベルでの国家，すなわちリヴァイアサンが要請される。だから繰り返しゲームの持つ安定性よりは，①-cのC.G.の不安定性の方が，よりホッブズの考えていたことに近いと私は思う。

　ホッブズの論理は，むしろinformalなレベルでの安定的な社会の成立を必要としていない。とにかくちょっとでも可能性があれば良い。可能性がまったくなければ，人は永遠に戦争状態の中にいる。しかしわずかでもinformalな社会が成立する可能性があれば，そこから直ちに，安定的なformalなレ

ベルでの国家が要請される。しかもそれは制裁のための，強力な物理的暴力を伴わねばならない。かくして最初の社会契約論は，強権国家にならざるを得ないのである。

これが所有論の原型である。ホッブズが力尽くで作り上げた国家の理論を，ロックは，所有を基礎に，精緻にして行った。そのように考えたい。ロックも従って，発想は，ゲーム理論的である。それはA.G.に最も近いと言えるだろう。ただし，A.G.に，ゲーム理論の持つダイナミズムはない。先に書いたように，ロックは，ホッブズのダイナミズムは犠牲にして，しかし理論的には精緻なものとし，しかも逆説的に，より大胆なものへと変えて行ったのである。

また，以下はヒュームを扱う。私の考えでは，ホッブズ理論を数理的に解釈することにより，ヒュームへのつながりは明確になる。そしてさらに，ヒュームの直観をカントがこれまた精緻に基礎付けて行く。ホッブズとヒュームは前著（高橋2001）の前半部のテーマであったが，それをここでは簡単に紹介し，本書の前半部のテーマであるロックとカントにつなぎたい。

1-2-2 ヒューム論

次にヒュームの黙約（convention）論をいかに解釈するかということを考える。ここでもいくつかの数理モデルを使用する。またヒューム解釈は，前著（高橋2001）の第2章の議論をそのまま使う。

前節で述べたように，ホッブズは①ダイアド一回限りゲームで説明できた。それは無時間的であると言っても良い。それに対して，ヒューム理論は，ヒューム自身の記述に従うと，それは②ダイアド繰り返しゲームである。誰もが必ず引用する，ヒュームの，黙約論を説明した，有名なくだりは以下の通りである。「例えば，小舟を漕ぐふたりの者は，櫂を動かすときに約定（promises）を取り交わすことは決してないが，合意（agreement）ないしは黙約によって，櫂を動かす」[2]。

ここでは，ふたりのプレイヤーがいて，どのように櫂を漕ぐかということに関して，いくつかの選好があり，それぞれが自らの選択をして，行為しつ

つ，ともに相手の選択した選好に合わせて行くということが論じられている。

しかし本当はどうだろうか。『人性論』第3編の先の引用の前後をよく読むと，少し違うように私には思われる。ヒュームは，所有という制度を人間の黙約から説明する。この規則は，漸次起こり，その力は徐々に，つまり規則に違反するときの不都合が反復されて経験されることによって，獲得されると言う。他方この経験は，利害関係が私たちすべてのものたちと共通であることを，ますます私たちに確信させ，未来の規則性を私たちに信頼させるとも言う。かくしてヒュームは，所有制度だけでなく，同じように，言語と貨幣という制度が生じて来ると論じる。

そこで私はこれを，多数の人間が乗っているボートの比喩で考えたい。多くの人がそれぞれ思い思いの方向にボートを漕ぎ出すが，その中で，次第に規則的な運動が起き，誰もが多数の人が向かっている方向に合わせて自らも漕いだ方が楽であることに気付き，また反対にそれに抗うときには不都合であることが，反復されて経験される。そして次第にその多数派の方向が，規則となり，制度となるのである。

以上のことをもう一度説明し直してみよう。まず，最初のふたり乗りボートの比喩は，先に②と書いた，ダイアド（一対一），n回繰り返しゲームと考えられる。次に多数の乗組員のいるボートは，③n人，n回ゲームである。ここでこのn人ゲームのマトリックスを作ると，いくつかの選好（ボートを漕ぐ方向）があり，その選好をn人の中の何人が選ぶのか，その人数（確率）のマトリックスができ上がる。そして時系列に沿って，$t = 1, 2, 3\cdots$と，その確率の値が変化して行くと考える。

ここで時間の幅が出て来る。ある戦略を選択する割合が時間とともに変わる。プレイヤーは，多数者の戦略に自己のそれを合わせて行く。周りの状況を見ながら，かつ周りの選好を予期しながら，自己の戦略を変えて行くという相互作用が見られる。これが集団ゲーム，または進化ゲームである。

分かりやすい例えは，エスカレーターである。エスカレーターに乗るとき，東京では，立っている人は左側にいて，急いで歩いて昇りたいと思う人は，右側を使う。右側にいて歩いて昇りたい人，右側にいて立ち止まりたい

人，左側にいて歩いて昇りたい人，左側にいて立ち止まりたい人と，四つの選択肢があり，2行2列の確率分布のマトリックスを作って，時系列に沿って動かしてみれば，それは初期値のわずかな違いで，収束し始め，最終的に，右側にいて歩いて昇りたい人が100％，右側にいて立ち止まりたい人が0％，左側にいて歩いて昇りたい人が0％，左側にいて立ち止まりたい人が100％となる。ここに，右側にいる人は，すべて歩いて昇りたい人，左側にいる人は，すべて立ち止まりたい人と分けられ，ひとつの制度が完成する[3]。

　次のふたつのことが重要であると思われる。ひとつは時間が要素となるということである。すでに，②繰り返しゲームにおいて，時間がすでに考慮されている。しかし③集団ゲーム，または進化ゲームは，時系列に沿って行われ，その都度のマトリックスができ上がる。ここでは時間という要素は本質的なものである。

　もうひとつは，ふたりの人間のゲームから多数の人間のゲームへの進展である。もちろん，ホッブズの場合であっても，当然，社会の全成員が社会契約をするのだから，私が先に，ホッブズは，一対一，一回限りゲームで説明できると言っても，当然多数の人間が想定されている。しかしホッブズにとって問題なのは，利己的な人間の交渉から，協調的な結果が生じるというパラドックスの説明であって，その説明のためなら，一対一のゲームで十分である。ところがここ，ヒュームの論理では，多数のプレイヤーがいて，多数者の選好の確率が変化して行くことが決定的に重要である。

　ここでさらに私は，以前，分居モデルとして提出したものを，①ホッブズ的一対一ダイアドゲーム，②繰り返しゲーム，③集団ゲーム，または進化ゲームに続く，第④番目のモデルとして，挙げたい。ここではもはやゲーム理論とは発想が異なるモデルとなる。すでに③集団ゲームにおいて，マトリックスの因子は利得ではなく，確率であり，その統計のマトリックスにおいては，時間が離散的に導入されていた。そのことがここではより明確になる[4]。

　まず，m行n列の行列式を作って，例えばm行を民族，n列をある都市の中の地域とする。例えば，3×5の行列を作り，3つの民族，すなわち白人，黒人，中国人が，あるアメリカ内の都市の，5つの地域に別れて，それぞれ

一定の確率で住んでいるとする。その上で、相互作用をさせる。他地域に住む同じ人種は惹き付け合い、同じ地域内の他人種は反発し合うということを式で表す。つまり協調とコンフリクトというふたつの相互作用を t, t +1, t + 2, … という期を導入して、その離散式で表し、先と同じように、適当な初期値を取った行列式を考え、どのようにそれぞれの値が収束して行くか、計算してみる。

　操作を繰り返すと、さまざまな値を取って、一定の比率に収束して行く。収束して行くということはそこで安定するということである。他の条件の変動がない限り、そこで一旦落ち着く。しかし他の条件の変動とともに、再びシステムは動的になり、またその新たな条件のもとで収束して行く[5]。

　ここでは、個人の行為の選択の問題ではなくなり、集団間の確率のみが問題となる。制度は個人が選択するものではなく、むしろすでに与えられた制度の中で、個人が作られるものである。制度の成立において、まだ合理的な選択のできる個人は存在しない。未分化の諸個人から成る集団があるだけで、そこから制度が成立し、そしてその制度の中で個人が析出する。

　ヒューム『人性論』第一編の認識論の解釈も使えば、ヒューム理論はむしろ確率統計で表すべき集団に関する理論であるということが分かる。つまり因果関係は、主観と客観の相互作用から次第に生じるものであり、つまりは習慣であるというのが、ここでのヒュームの結論である（詳しくは（高橋2001・第2章））。つまり、④のモデルこそがヒュームの真意ではないか。実質的に、③と④は変わらないのだが、しかし、諸個人の合理的な選好に基づく方法論的個人主義と④の集団理論との違いは、理論的には大きなものである。

　この節の最後に、ホッブズの節で述べた、informal なレベルでの慣習と formal なレベルでの制度との違いについて触れる。ホッブズの場合は、informal なレベルでの不安定さが、直ちに安定的な formal なレベルでの国家を求めることにつながったが、しかしその点について、ホッブズ自身、無自覚であったという点は否めない。それに対して、ヒュームの場合は、十分自覚的である。彼は、社会の最初の形成に当たって、この成立した黙約

(convention)に諸個人が自己の利害のために従おうとする動機は，十分に強力で，力があるが，しかし，社会が大きくなり，多人数になってしまうと，この利害ではやや不十分になってしまうと言っている。ここではオルソン問題が論じられていると言って良い(Olson)。小さな社会では，informalな黙約で十分である。しかし社会が大きくなれば，formalな制度が必要だ。これがヒュームの挙げる第一の理由である。そしてさらにヒュームは，外敵の危険性も第二の理由として挙げる。つまり外敵がなければ，informalな秩序の維持が可能である。しかし外敵のいるところでは，強力な統治機構が求められる[6]。

1-2-3 思想の伝播

続いてパーコレーション理論を論じる[7]。これはある思想や制度がある社会の中でどの程度浸透し，またどの程度広がったのならば，その社会の中で認められるようになるのかという現象を記述するためのひとつの理論だと言うことができる。多くの集団は政治的に100％の支持を獲得しなくても，また場合によっては多数者にならなくても，自分たちの思想を社会に浸透させ，さらには権力奪取をすることができる。あるいはその社会の中で，正統性を獲得できる。そのためにはどの程度の支持者がその社会の中にいれば良いのか，どのくらいの支持があれば良いのか，その分析をするための，物理学で用いられる手法がパーコレーションである。

パーコレーション理論は，ネットワーク理論の形成過程に現れたと言って良い。複雑系ネットワークを論じた論文「複雑系ネットワークの統計的機構」(R.Albert & A-L, Barbási)の中でも，ランダム・グラフ理論，スモールワールド理論と並んで扱われている。このことは，3-3-1-bで再び議論する。どんなネットワークができて，どんな風に情報が伝播するかということがそこでの課題である。

パーコレートという言葉は，例えば，良く挽かれたコーヒー豆にお湯を通すと，お湯がコーヒー豆の中をパーコレートして，コーヒーができるという具合に使われる。水が大地にパーコレートするとも言う。浸透するという訳

語が一番良いだろう。

　例えば正方格子を考える。その格子点とその隣にある格子点とを結ぶボンドが確率 p で開いていて，従って，(1 − p) で閉じられている。その開かれたボンドの集合をクラスターと呼ぶ。このボンドのクラスターがどの程度の大きさかということを考えていく。これがボンドパーコレーションである。

　もうひとつの考え方は，正方格子のひとつひとつの正方形の格子の中にランダムに点を打って行く。つまり確率 p で点を打つことができ，残りの場合，つまり確率 (1 − p) でそのサイトは空白であるとする。ここで，この開かれたサイトのクラスターを考える。これがサイトパーコレーションである。

　パーコレーション理論で大事なのは，パーコレーション閾値である。これは無限に大きな格子の中で，無限につながったクラスターができ上がるときの確率 p の値である。先の正方格子ならば，右から左まで，あるいは上から下まで，広がった，ボンドまたはサイトのクラスターが存在するときの p の値が閾値である。

　例えば，ある金属と完全な絶縁物質がそれぞれ確率 p と (1 − p) とでランダムに混ざっている，十分厚い板があり，そこに電流を流して，抵抗の値を測る。もし，p の値が閾値以下であれば，抵抗は無限大であり，電流は流れない。しかし閾値を超えれば，抵抗はゼロ以上，無限大の間の一定値を取り，つまり電流が流れる。これはボンドパーコレーションの応用例である。金属のボンドと絶縁物質のボンドとが混ざっていて，金属のボンドだけを辿って，端から端まで行くことができれば，有限格子の中にボンドの無限のクラスターができていると考える。

　社会の中でパーコレートしたということの意味を説明する必要があるだろう。比喩的に社会の中に電流が流れるということである。あるいは火災が社会の端から端まで広がったということである。それがパーコレートの本来の意味である。社会の全員がその思想や制度を支持しなくとも，また多数者でなくても，社会の中では，閾値以上の支持者がいれば，その思想や制度は社会の中でパーコレートしたのである。その社会の中では十分に浸透して，効果的にその思想や制度が伝達されていると考えて良い。

1-2-1のホッブズ理論では，100%の合意を扱ったが，実際に社会では，100%の同意が得られなくても，その社会の中で多数者であれば，その考えが制度化されて，それでその社会の成員100%を拘束する。さらには，多数者でなくても，閾値を超えれば，その思想は集団内に浸透し，informalなレベルでの同意が得られ，それはformalなレベルでの制度の成立を促し，全成員を対象とする。ここでは，その，informalなレベルで，どのようにして集団に浸透するか，そのためのメカニズムを扱う。

　さらに，確率が次第に増え，クラスターが次第に大きくなるが，閾値を超えると無限大になる。その前後の，つまり閾値を超えるか超えないかという，あるいはクラスターが無限大になるかならないか，という境にあるクラスターを観察してみよう。ここではサイトパーコレーションを考える。サイトは人である。するとそのクラスターの中で，あるサイトは，それを取り除くと無限大でなくなる。そういう要となる（これをpivotalと言う）サイトとそうでないサイトとがある。全員が均一の能力と役割とを持ち，差がまったくないという前提のサイト同士の間で，重要なサイトとそうでないサイトとが生まれる。これは興味深い現象である。もちろんボンドパーコレーションで考えても良く，その場合は，閾値を超えるかどうかという役割において，決定的に重要なコミュニケーションボンドとそうでないボンドとに分かれるのである。

　またクラスターは大きくなると，あちらこちらでループを作る。これもクラスターを無限大にするには無駄に思われるが，その無駄なサイトの増加が，閾値を超えるためには必要である。無駄が蓄積されて行って，その上で閾値を超える。また，濃度が増えて行って，次の瞬間には，無駄だと思われたサイトやボンドが，つまり無限クラスターを作るのに貢献しなかったり，ループを作って重複してしまったりというサイトやボンドが，ピボタルになるということはあり得る。つまりどのサイトもボンドも潜在的にはピボタルである。

　もっとも私は，このことをそのまま人間社会に当てはめるつもりはない。ここではどのサイトもボンドも画一的に能力も役割も平等であるという仮定

に基づいており，その仮定は非現実的なものであるからである。しかしおもしろいと思われるのは，そういう仮定においてさえ，クラスター内の，または格子内の位置付けに差が出るということである。つまりピボタルなものとそうでないものとに分かれるのである。

　ほんのわずかなサイトまたはボンドの増減が，閾値を超えるかどうかに分かれ，それがシステム全体の大きな質的変化をもたらすというのがまず注意すべき第一の点である。再びここでパーコレートするということの意味を考えるべきである。それは，その社会の中で，ひとつの思想や制度が十分浸透したということである。

　ここで私が考えているのは，本来は，資本主義的所有制度が，または社会主義的所有制度が，どのように広まったのかということである。ただし，これらの解明は私の手に余るし，また，ここでは歴史的な説明ではなく，数理モデルを使った理論的な説明のみに留めたいと思う。その他に分かりやすい例としては，例えば，ルターの思想がどのように広がったかということも挙げられる[8]。ルターの思想そのものは，それ以前もまたそれ以後も多く存在した異端のひとつに過ぎない。結果としてそれは多数者になったが，最初から多数者となることを目指したものではなかったはずだ。異端として消されてしまうことを恐れ，何としても生き延びること。最初はそれだけであろう。それが，分居，棲み分けも活用し，広まって行った。

　このことをさらに考えるためには，同時に，相互作用に基づいた進化論的な考察も必要である。まず新しい種は古い種に取って代わって出現するのでもないし，古い種と競争し，それを絶滅させることによって自らを定着させるのではない。そもそも新しい種は突然出現するのではなく，以前から存在していた少数派が，突然（と言っても，十分な必然性を持っているのだが），個体数を増やすのである。つまりそこで行われているのは，種の変化ではなく，個体数の変化である。重要なのは，従って，どうやってその種が出現したのかではなく，どうやってその種の個体数が増えたのかということである。

　第二に，その個体数を増やす際に，他の種と様々な相互作用をしているはずであり，それは必ずしも競合的な，排他的なものだけではない。その共生

関係をできる限りで追って行きたい。

　ルターの思想は，それ以前もフスやウィクリフといった，異端の思想を受け継いだものである。フスもウィクリフもチェコやイギリス社会で一定の影響力を持っていた。しかし多数者になる前に，絶滅させられた。ルターの特異性は，それがどうして生き延び，かつ支持者を増やして行くことができたのかというところにある。またその特異性は，いかにその思想がカルヴァンやミュンツァー，ツヴィングリーやその他様々な異端思想家に受け継がれたのか，また現実的にヨーロッパ社会の中でいかに様々なセクトに分化し，刺激し合いながら社会に定着したのかというところにある。そしてまた，どの程度に増えたときに，それが異端でなくなったのかということも分析する必要がある。つまり分居，相互作用の分析があり，少数者として，正統派や他の異端との共存があり，その上でどの程度の閾値を超えれば，社会の中に浸透するのか，そういう分析が必要である。

　以上が，情報化社会を説明する理論の基礎となる。すでに進化論的ゲーム理論において，時間がファクターとして入っている。ここでシステムの運動が不可逆のものとなり，システムの生成が，また場合によっては，その崩壊が，考察される。パーコレーションにおいて，一旦パーコレートした，つまり閾値を超えたシステムの質は，それ以前とは決定的に異なる。そういったことが考察される。

　ここで数理モデルを使った考察は，いったん止める。再び扱われるのは，3-3-1-bにおいてである。私の目論見では，ホッブズ，ロック，ヒュームをゲーム理論，集団ゲーム（または，進化論的ゲーム理論），分居モデルで説明し，この後，カント，ヘーゲル，マルクスに進む。カントは所有論の帰結としての平和論を主として扱うが，それは複雑ネットワーク理論とカオス理論で説明ができる。これが次章1-3の結論である。ヘーゲルは，システムの生成という観点で，その全体系を扱うが，その進展はまさしくシステム理論の発展と相即している。これを第2部で扱う。マルクスについては，所有論とその結果生じる階級間の格差の拡大がテーマとなるが，それは複雑ネットワーク理論から得られる知見とパラレルに考察できる。このことは，3-1の主題で

ある。しかしそれらは，本書の論理の進め方にとっては，いわば隠れた道筋であって，それら数理モデルを使った思想の解明，それ自体が本書の主題ではない[9]。従って，本書における，この後の展開は，数理モデルに即してではなく，それぞれの思想家の著作の読解を通じて行われる。

●注

1） ホッブズそのものの引用，学説史研究では当然求められるホッブズ論の引用，及びここで使われているゲーム理論の説明について，ここでは一切していない。それらについては，前著（高橋2001 第1章）及び（高橋1997）を見て欲しいと思う。

2） (Hume 第3編第2部第2節)からの引用である。この節の表題は，「正義と所有との起源について」である。

3） このエスカレーターの比喩を含めて，集団ゲーム，または進化ゲームの説明は，（丸田）が分かりやすい。またこれらの議論は，そもそも（Kandori& et.al.)や，(Young1993)が展開したものである。さらに，(Young1998)，（青木昌彦），（金子＆池上），（金子＆津田）には，その応用がある。

4） これは（Takahashi&Salam）を見て欲しい。また（Schelling1969），(Schelling1971)も参照のこと。

5） 諸個人の予期に基づき，ゲーム理論的な考察から，制度の成立を論じるものとして，宮台真司の議論がある（宮台）。また，稲葉振一郎は，私が（注3）で取り上げたゲーム理論の議論を参考にして，ヒュームの制度論を説明している（稲葉）。

6） （高橋2007）を参照のこと。ここでは，1-3-2のカント平和論の，その前半部を分居モデルを使って説明した。しかし，本文でも述べたように，この分居モデルは，ヒュームの説明にこそふさわしいもので，カント平和論の，その前半部をこれで説明することもできるが，カントの主たる功績は，むしろ後半部にあり，それを説明するには，複雑ネットワーク理論とカオス理論が必要である。

7） （Takahashi&Murai）を参照せよ。また，パーコレーションの一般的な解説は，(Grimmett)，（樋口），(Stauffer&Aharony)が良い。

8) これは，3-3-1-b で扱う，バラバシが，ローマ時代にいかにキリスト教が広がったのかを扱ったのと同じ発想である。しかしこの研究それ自体も，本書の主題ではない。詳しくは，(倉塚)，(甚野)，(薩摩)を参照せよ。
9) それはまた本書とは別の試みとして，現在進められている。

1-3　カント論

カント所有論を,1-3-1 で『法論』,1-3-2 で『永遠平和のために』(以下,『平和論』と言う),1-3-3 で『判断力批判』に即して見て行く。『法論』の出発点は,所有論であり,カントは所有の正当化の上に,その社会理論を作って行く。また『平和論』も,あまり論じられることがないが,所有論の帰結として構想されており,しかもそこにカント哲学の精髄が見られると私は考える。最後の『判断力批判』は,『平和論』の基礎付けをしており,そこに展開される目的論こそが,所有論を平和論へと導く理論である。さらにはこの所有論,平和論,目的論といったタームが,カント哲学全体を読み直すための鍵となることも示唆される。

1-3-1　『法論』の所有論

カントはその所有論において,一般的にはロックの労働所有論を批判し,カントの言葉で言えば,人格間の承認が所有の根本であると主張し,その観点がロックにはないことを指摘したと理解されている。その理解では不十分であることを,すでに私はロック論 (1-1) で論じたが,ここではカントに即して,同じことを確認したい。カント後期の作品『人倫の形而上学』(1797)の「法論」(以下,『法論』)第一部「私法」の最初の項を順に見て行く。

カントにとって,所有の問題は,次のように設定され直す。まず占有にはふたつの方法があり,身体による占有を,カントは「感性的占有」または「経験的占有」と言い,法による占有を「叡知的占有」と言う (1節)。そして後者の占有が本質的なものとされる (6節)。ここに引用した「叡智的」という言葉は intelligibel の訳語であるが,それは頭の中で想定できるという意味である。さらに土地,及びその土地の上にあるすべての物件は本来的に人類全体で「根源的共有」しており (同),それは市民状態で初めて強制力を伴う立法状態になるから,その体制のもとで初めて,所有が認められる (8節)。

この考えは,「物件」の諸節において再び繰り返される。11節では,物件を人格と物との間の権利だとする考えを批判して,「ある物件における権利とは,私が他のすべての人とともに,(根源的なあるいは設立された)総体占有をしているその物件を,私的に使用する権利である」と言う。カントによれば,すべてのものは,潜在的にはすべての人類のものである。ある人がそれを私的に使用するためには,他人がその物件を使用しないということが,他人から認められないとならない。これがカントの所有論の根本になる。12節でも,土地の取得が物件の最初の取得であると言われて,その上で,土地は本来すべて「根源的な総体占有」(13節)であるとされ,15節で,再び,市民体制でのみ,つまり法的状態でのみ,何かが確定的に取得されると言われる。

　所有は,人格と物との間の関係ではなく,人格と諸人格との関係である。つまり所有権取得には社会全体の同意が必要である。その同意とは具体的に言えば,法関係における承認である。法関係は人格間の関係と言っても良い。16節ではこのように説明される。すべての人間が地球全体の土地を根源的に共有しているというのが内的正しさの法則である。そして対立し合う諸人格の意志のための法則があり,その法則に従って,実際の共同の土地の,私的な配分がそれぞれの人になされる。これが外的な正しさの法則である。この外的な正しさの法則は,「ひとつの根源的かつアプリオリに統合した意志」から,「従って市民状態においてのみ生じることができる」(16節)。それは「法による占有」である。以下,カントの「法論」では,この主張が繰り返されるのである。

　さて,カントを擁護する側からは,この社会の中での承認という点を明確にしたことが画期的であるとされるだろう。それに私は同意するが,しかしカントが次のようにロック批判をし始めると,それはどうかと思う。ロック所有論では,「物件を擬人化すること,そして誰かが物件に労働を注ぎ込めば,その人以外の人の役には立たないように拘束できるかのように」(17節)考えられているが,それはカントから見れば,人を惑わす錯誤であると言うのだ。当然のことだが,ロックを擁護する側から言えば,カントのロック批判は間

違いで、ロック所有論にはすでに、社会における承認という観点への言及はあるが、ただ、この社会承認を所有正当化の根本だとするのはおかしいということになる。そのことは、すでに1-1で示されている。ロックの場合、第一に、無主の自然があり、それは人間のものになり得、そして初めに労働した人がそれを所有することができ、その後に、それは社会の中で承認される。そういう順番である。他者による承認を必要とせず、所有というのはもっぱら所有者と物との関係であるとは言っていない。それは個人の生成が先で、それから社会が成立するというリベラリズムの原理そのものであり、もし批判をするならば、その点を批判すべきであって、リベラリズムの原理に社会が必要ないかのように言うのは間違いなのである。邦訳カント全集の注にもあるように、おそらくカントはロックをきちんと読んでいない(『法論』邦訳 p.400)。

　第二に、ロックの労働所有論においても、私的所有は無制限ではなく、自然法の遵守と「腐敗の原則」と「十分性の原則」というふたつの留保があって、他者との関わり中で制限がされる。その限りで、ロックとカントはそれほど変わらない[1]。さらに、その自然法の遵守という観点は、もう十分カントを思わせるものであることを、私は論じている。

　一方で、ロックの側からカント所有理論に労働という観点がないという批判がなされ得るかもしれない。しかしカントの初期の記述では、ロックと良く似ているものが見出される。ここでは1765年前後に書かれたとされている「『美と崇高の感情に関する観察』への覚え書き」から引用する(p.53=p.197f.)。

　「身体は私の自我の一部であり、従って私のものであり、私の選択意志によって、動かされる。自己の選択意志を持っていない生物や無生物の全体は、私がそれらを強制して、私の選択意志に従って動かすことができる限り、私のものである。太陽は私のものではない。他人においても同じことが言える。従っていかなる所有物も財産、あるいは排他的な財産ではない。しかし私が排他的にあるものを私のものにしようとする限り、私の意志に他の意志が対立することや、私の行為に他者の行為が対立することを少なくとも私は前提

しないだろう。従って私は木を倒したり、木で工作したりして、私のものであるという印付けをするだろう。他人は私に、それは、いわば私のものだ、それは私の選択意志の行為によって、私のものに属するのだから、と言う。」
　つまりカント所有論に労働論の観点がない訳ではない。しかし主体が身体を使って労働し、そのことによって所有するという論を提出することはロックと同じだが、カントの場合、その前に「私の意志」が存在している。そしてその「私の意志」は本来的に社会的なものであり、また対象の方も本来的に主体の構成したものだから、これは後期のカントの主張と矛盾するものではない。
　その「覚え書き」の後ろの方には、こんなものもある。
　「選択意志は単なる自己の意志と（同様に）一般意志とを含むか、あるいは、人間は同時に一般意志との一致において、自己を観察するかどちらかである」（p.109=p.231）。
　つまり私的意志と一般意志とは本来一致し、その一致するところに自己が成立している。そしてこの一般意志こそが、「法論」の、法的関係に他ならない。
　ロックの労働所有論を受けて、リバータリアン的所有論を展開する森村進が、カントに反発するのも、カントに労働の観点がないということよりも、カントの立論の根源をなす、「根源的な総体的占有」についてである。彼は「すべての人が自分の行ったことも見たことも聞いたこともない場所まで含めて、地上のあらゆる場所を占有しているというこの主張はとても奇妙に聞こえる」と言っている（森村1997 p.167）。しかしカントの認識論を知っている私には、別段それは奇妙ではない。自然はすべて人間の主観によって「構成」されたものである。そしてその主観は、共同主観に他ならない。私たちの主観の内にはアプリオリな働きがあり、その働きによって、私たちが見ている現象は作られる。自然は私たち共同主観の産物なのだから、それが「根源的な総体占有」であるというのはカントにとって、ごく自然なことだ。さらにまた、その共同主観は、道徳論で前提されている、抽象的な相互主観の関係性ではなく、ここでは市民社会における具体的な関係性である。
　注意すれば、ここで「根源的な総体占有」は共同主観、つまり人類全体の

所有ということであるが,それは潜在的な所有である。そしてその後に現実的な所有が来る。現実的な所有は多くの場合,私的所有である。従って,カントは私的所有を正当化するために,この概念を出している。法的合意による所有は,合意によって,私的所有を正当化する論理である。ただし,合意による訳だから,必ずしも私的所有ではなくても良いというだけのことであり,合意によって,私的所有が認められるのならば,それは正当化され,共同所有が望ましいということであれば,そちらが社会の合意によって正当化されるということである。

すでに私は,山根雄一郎を引用して,この「根源的獲得」という概念が,「奇妙」なものであるどころか,カント概念の中心的な概念ではないかと論じている (1-1-2)。それを再度要約すれば,根源的獲得は,アプリオリテートであり,これがカント哲学の全体系の根底にあるということである(山根2005)。それは神から賦与されたものではなく,有限な人間に対して,経験を可能にさせる獲得である。そしてそれは誰に対しても妥当し得るようなものとして考えられている。

つまりカント所有概念は次のようになる。まず,この根源的獲得によって人間がそもそも所有をして良いということが保障される。その上で,現実的に個々人が,何かを所有しようと思って,労働,つまり自然への働き掛けをするが,そうして得られたものは,最終的には法的諸関係によって承認される。

後のヘーゲルの所有概念によれば,労働による所有と社会的合意による所有と,このふたつは統一される (2-1-1)。ここでカントから見て,ロックが批判されるのは,後者の観点がないからではなく,ふたつが統一されていないからである。あるいは後者の方に力点をおかないからである。そしてそれはそもそもリベラリズムが陥りやすい欠点であった。また私たちから見て,カントが批判されるのも,前者の観点がないからではなく,統一が意識的ではなく,ロック批判が見当違いであったことである。

この初期の「覚え書き」において,ルソーの影響はしばしば指摘されている。ルソーの所有観は,これも一見すると,労働という言葉が使われて,ロック

のそれと本質的に異ならないようだ。『社会契約論』には次のような記述がある。

「労働と耕作によって，土地を占有すること。なぜならこれこそ，所有の唯一の印であって，法律上の権限のない場合でも，他人から尊重されるべきである。」(第1編第9章)

しかしすでに前著に書いたように，ルソーの意志は，一般意志に由来するものである(高橋2001 第2章)。つまり一般意志があり，その特殊なあり方が，個別の意志であって，常に個別の意志は一般意志に裏打ちされている。その点で，カントと同じであると言って良い。第二に，『社会契約論』をルソーは，社会的不平等を解消しようという目的で書いている。ルソーは先に引用した文章のすぐ後で，個人は財産を一旦すべて共同体に差し出し，そのことによって，個々人は，共同所有となったその財産の保管者とみなされて，共同体から尊重されるとしている[2]。ここでは所有は最終的には共同体によって決定されるということが確認できれば良い。

補足的に次のことは指摘できる。この「法論」は道徳論をより具体的にしたもので，カントの本領が発揮されている。つまり現実の社会的諸関係の中で，『実践理性批判』の道徳論が展開されている。私たちはここからカントの全体系を見ることができる。三大批判書に比べて言及されることのない『人倫の形而上学』に，むしろカントの積極的な考えが現れている。しかも次の節で説明されるが，この所有論こそが，平和論を保証するのである。

1-3-2 『平和論』の所有論

しばしばカントの説とホッブズのそれが対比される。とりわけ2001.9.11以降，世界は戦争についての言説で満ち，そこでは必ず次のように言われる。つまりカントは，軍隊の撤廃，国連の創設を訴えた理想論を展開し，一方ホッブズは，人間の本性は，戦争を好むと考えたリアリズムであるというものである。世界はホッブズの唱えたように自然状態にあり，国連は戦争を防ぐ機能を持たず，カントの理想のようには行かない。アメリカは力のリアリズムを行使している。例えば，こんな風にカントとホッブズは比較される。しか

し私は，この通説は何重にも間違っていると思う。

　まずホッブズは，確かに，人間の本性を「万人の万人に対する狼」[3]というフレーズで表し，自然状態を戦争状態であると考えたが，しかしホッブズの理論の特徴は，人間が自然状態にあるということの確認にあるのではなく，人間が自然状態の中にいるにもかかわらず，社会契約を結んで国家を作ることができるとしたことにある。そうしてその国家が戦争を防ぐとホッブズは考えた。つまりホッブズの問題意識は，どうしたら戦争を防ぐことができるかということであり，彼の答えは，国家を作ることによって，ということである。ここには二重の楽観がある。

　第一に，自然状態にあり，相互不信の人間が，自分の持つすべての権利を放棄して，国家成立のための契約に同意するということ，そして第二に，そうやって国家を作れば，戦争はなくなると考えたこと。このふたつである。第一の問題については，1-2-1 で論じている。そこで私はゲーム理論を参照して説明した。つまり，利己的な個人が，合理的に考えて，自分に有利な判断をすると，それが総体としては秩序形成につながるという考え方が展開される。重要なのは，そのゲーム理論にこそ，驚くほどの楽観が潜んでいるということである。これはその後のヒュームの理論にも共通していると思うのだが (1-2-2)，一体どうして，利己的な諸個人の判断が集積されれば，相互信頼に基づく社会が導出されるのか。ゲーム理論は良くその機構を説明するが，しかしそこには大きな楽観があることは注意されねばならない。

　このように考えても良い。ホッブズの主張は二本立てである。ホッブズは一方では人間は合理的な判断ができ，そのために社会契約をする，という説明をし，同時に人間は非合理的な存在でもあり，死への恐怖のために結局は社会契約を結ぶとも言う。しかしまったく逆のことも言えないか。つまり，人は負けると分かっていても，非合理的なプライドのために戦争をし，また同時に勝つと計算ができる場合は，合理的に戦争をする。要するに，私はホッブズの理論を認めるが，しかし同時に十分その反証もできると思う。

　さらにその国家が戦争を防ぐというのは楽観の最たるものである。私の考えでは，国家は戦争をするために作られた。戦争を防ぐために作られたので

はない。そして戦争のために作られたという現実を追認するだけならば、ホッブズの理論は必要ない。しかし私はあえてホッブズの楽観に乗り、社会契約論から平和構築を試みた、その理論を評価したい。繰り返すが、何とかして平和を得たいというのが、ホッブズの問題意識であった。社会契約論はそのための理論である。ただし、それは楽観を承知の上にである。私の言いたいのは、平和を構築したいという理論は、どうしたって理想主義になるということである。

さらにまたこれらのことは、歴史的に考えるべきであろう。ホッブズにとって、戦争とは、内乱のことであり、それは宗教によって引き起こされる。そしてそれは、宗教団体よりも上位に、より強力な国家ができて、それらを押さえつければ解決すると考えられたのだ。しかし現実は、そうしてできあがった国家が、今度は戦争を始め、ときにはその国家が宗教と結び付いてより戦争が激化したのである。ホッブズはそこまで予見できなかった。私たちから見ると、まだまだ素朴な、近代初期の楽観がそこには見出せるのである。

カントはそれに対して、すこぶる現実主義的である。彼は人間が常に戦争をしてきたことを良く理解している。そしてその戦争を通じて、そこから何とか平和に至る機構が見出せないか、悩み抜くのである。『平和論』のポイントは、軍隊の撤廃や国連の創設の提唱にあるのではない。それは以下のようにまとめられる。

それは、三つの確定条項と、それを保証する第一補説から成り立つ。第一補説を追いながら、その中に三つの確定条項を織り込んで行こう。

永遠平和の保証を与えるのは、偉大な技巧家である自然の合目的性である。自然はまず、戦争を利用して、人々を地球上のあらゆる場所に分散させる。そして自然は戦争を用いて、国家を成立させ、法的関係を整備させる。元々人は、この地球上の土地を共同に所有する権利を持っているが、現実的には、世界中に分散して、そこで諸個人は物理的に土地を占有する。同時に人々は集団を発達させ、法治国家にする。人々の占有を私的所有として認めさせるのが、国家である。さらにその国家は、代議システムを発達させ、立法権と執行権の分離した、カントの言葉で言えば、共和制を作る。それは、今日の

言葉で言えば，議会制民主主義である。これが第一確定条項の主張である。さらに自然は資本主義を発達させる。そうしてその中で文化を発達させて，むしろ言語と宗教の違いを利用して，もちろんその違いが戦争の理由にもなるのだが，しかし最終的には，平和についての同意へと導くのである。その同意の上で，国際連合ができる。これが第二確定条項である。また第三確定条項は，誰もが他国を訪問する権利を持っているというものである。そうして資本主義の精神がますます発達し，経済競争による力の均衡がもたらされる。以上が第一補説の要約である。

　論点はいくつかある[4]。議論が一番集中するのは，第二確定条項すなわち国際連合の個所である。カント自身は，「ひとつの世界共和国という積極的な理念」ではなく，「戦争を防止し，持続しながら絶えず，拡大する連合という消極的な代替物」を考えている。これについては，いくつかの解釈がある。

　まず，ハーバーマスは，このカント自身の説明を矛盾していると言う。ただの連合ならば，法的拘束力を持たず，どうして平和が保障されるのかというのである。そうしてそのカントをヒントとしつつ，世界市民法を持った，世界共和国を具体的に構想する (Habermas1997)。このハーバーマスをはじめ，カント自身の「消極的な代替物」という説明を批判し，または物足りないとし，「ひとつの世界共和国という積極的な理念」を支持する論が多い。ルッツ・バッハマンも，世界連合は次第に世界共和国に近づくよう，求められているとし，その世界共和国においては，現在の国連に比べて，より強力な立法権，執行権，司法権が備わっていなければならないと考えている (Lutz-Bachmann1997, 2002)。

　それに対して，折衷案，ないしは極力カントの発想を活かそうとするものも多い。世界連合と世界共和国を段階と考え，多元性を認めつつ，理念として人類は徐々に最高段階に向かっていると考えるか (濱田)，実現不可能性と実現の追求をしなければならないというパラドックスに私たちがおかれていると考えるか (量)，カント法哲学に固有のアポリアがあって，最終的な解決案を出していないと考えるか (三島)，様々な案が出される。3-3-2c で扱うロールズの意見もそこに加えて良いし (Rawls1999)，また，世界連合で

も世界共和国でもない，第三の案を提案するクラインゲルトもそこに入れて良いだろう(Kleingeld 2008a, 2008b)。

また，ヘッフェはより詳細な議論を試みる(Höffe 1997, 2001, 2004)。彼は国家のタイプを四つに分ける。すなわち，共通の法を持つが，ほとんどそれを強制する権力を持たない超最小国家，自由主義的な夜警という能力を持つ最小国家，福祉の機能を持つ民主的立憲国家，絶対主義ないしは専制国家の四つである。そしてその両極端を除いて，中のふたつがカントにとって妥当なものであるとし，世界共和国としては，第二の自由主義的な夜警国家のイメージを持っている。

興味深いのは，小野原雅夫の考えである。カント平和論の主張が，いかなる戦争もあるべからず，ということならば，それは「平和の定言命法」と呼ぶことができる。カントの真意はそこにあるかもしれない。しかし現実的に，一国が世界を支配するのではそれは専制であって，世界共和国ではない。現実的に世界共和国が実現不可能ならば，実現可能な方策を，つまり「平和実現のための仮言命法」を考える必要があるという(小野原 2005, 2006, 2008)。

以上のような様々な解釈が出て来るのには理由があろう。ひとつには，カントの時代には，世界共和国などはまったく考えられなかったが，現在，EUができていて，今や世界共和国を構想し得る段階に入ったと考えることができる。先のハーバーマスの論文の題，つまり「二百年後から見たカントの永遠平和という理念」はそれを表している。また，これも先のヘッフェは，ヨーロッパのような重要地域だけでも解決を追求することが有意義である(Höffe 1997)と言っている。しかし私はカントの意義を，ヨーロッパだけに当てはまるものと考えたくないし，世界全体に使える理念とするためには，まだいくつかの考察が必要だと思う。それは，2-3-3 と 3-3-2 でなされる。

また，もうひとつの理由は，カント哲学のカバーする領域は広汎で，そのいずれもから，平和に対する解釈が出て来るということがある。永遠平和という言葉自体，すでに『純粋理性批判』にあって，それは理性の法治状態と考えるべきものである(II部1章2節，及び同3節)。また『実践理性批判』

で展開される理性の要請を考えれば，道徳の必然的な帰結として，確実な平和こそが考察されるべきだと多くの論者は言う。私はそれに対して，以下の節で述べるように，『判断力批判』の目的論から，この問題を考えるべきだと思う。そうすると，私の言葉で言えば，単なるネットワークとしての国際連合が，意外にも力を発揮する。つまり私は世界共和国という考え方を採らない。

　この国際連合に関する，つまり第二確定条項の解釈を巡る議論と同時に，その次の確定条項である訪問権についても議論が多い。先の第二条項で，もし世界がひとつの共和国になれば，この訪問権については議論する必要もなく，当然万人が自由に国内旅行として世界各地を訪問できるのであるが，カントは，しかし先の条項については，ただ単に「消極的な」国際連合を構想したに過ぎず，そうしてまた国家間の関係においても，ただ単にごく控えめな，この訪問権を設定した。従って，これは第二確定条項を追認するものと考えることができる。つまり国家間につながりができたときに，そのつながりのひとつとして，最低限これだけは認めるべきで，しかしそれ以上は要らないと考えられるものなのである。それを物足りなく思い，もっと積極的なつながりを求めるものもあるが，その意義を積極的に評価するものもある。

　寺田俊郎は，カントの所有論を分析し（寺田2007），それが先の第三確定条項，すなわち訪問権に現れていることを論じている。1-1-3でロックを論じたときに引用した，『平和論』の文言が，寺田の根拠である。つまり本来地球の表面は，万人によって根源的に共有とされているから，誰もがこの地球上のどこをも訪問することは可能なのである。しかしそれは単一国家が，世界のすべてを支配して良いということを正当化するものであってはならない。平子友長を挙げつつ，ロックと違って，カントは，西洋の植民地批判を展開していると言う（平子）。結局カントは，植民地支配の害を防ぐために，つまり世界共和国を理念としつつ，現実には単に実現不可能だからではなく，それが実現されると，単一の国家による他国の支配という形にならざるを得ないことを見抜き，「消極的な代替物」としての，国際連合を構想した。しかし現代はカントの時代を超えて，グローバルな市民社会が出て来ており，カ

ントを補って，世界市民の諸権利を保障できるのではないかと考えている(寺田 2006, 2008)。

一方で，もうひとつ，第一確定条項として展開される代議制民主主義の意義については，カント学者はあまり論じない。当然それは認められるということなのか。数少ない例外は，先述のヘッフェであるが，彼は，代議制民主主義が戦争を防ぐことはないと，カントの前提をあっさりと否定している(Höffe 1997)。剰え，私が 3-3-2 で詳述するドイル，ラセットを誤読している。この観点は，後に，3-3-2 で主題として論じられる。

さて，三つの確定条項を理解するには，実は第一補説をどう読み解くかということが必要である。私の考えでは，多くの論者が軽んじている第一条項が根本である。代議制民主主義が各国で進展し，そこから平和が得られる。それについては，3-3-2 で詳しく検討する。国家を中心に考え，国家の中で諸個人が育つと考え，その国家は最後まで国家としての役割を持っているのだから，第二条項で，国家が統一されて，世界国家になる必要はない。また，第二条項が諸国家間の連合なら，その確認のために，第三条項の訪問権も必要である[5]。第一補説がこの三つの条項をこの順に結び付ける。

第二条項の最後は次のようになっている。まず，すでに何度も引用した個所である。「ひとつの世界共和国という積極的理念の代わりに（もしすべてが失われなければの話だが），戦争を防ぎ，持続し，そして常に拡大する連合という消極的な代替物だけが，法を嫌い，憎しみに満ちた傾向の流れを阻止できる」とあって，続けて，「もっとも勃発する危険を絶えず伴うのだが」とある。つまり国連は，安定した組織ではなく，動的なネットワークであって，それはカオスのすぐ隣にあって，危うい均衡を保つのである（3-3-1-b を参照のこと）。

さらにそこから，平和論においても，所有が根本だということも分かる。まずそこに住むことが所有の最初である。これは物理的占有である。次いで，法治国家になり，所有が認められる。また国民は，商業活動をする。これは諸個人の所有を増やすための活動である。そうして所有を通じて，法治国家がますます発展する。「個人は，道徳的に良い市民である必要はなく，しか

し法を守る良き市民である」(第一補説)。またその諸個人のエゴイズムこそが戦争を防ぐ。代議制が戦争を防ぐメカニズムはそこにある。要は諸個人にとって，戦争はペイしないのである。

このことはすべてを経済活動に還元させようということを意味していない。所有から，様々な政治的制度が，これは権力構造を意味するだけでなく，公共性も意味するのだが，出て来る。所有が根本ということが確認できれば良い。

私の積極的な考えは，2-3-3節で，ヘーゲルを引き合いに出して，述べたい。その上で，現実的な方策をその次の3-3で展開する。結局，世界のすべての国が民主制になれば，平和になるかもしれないが，しかしそれは不可能である。そこがポイントとなり，私はその矛盾を承知した上でなおかつ，民主制には期待したい。また，私のイメージは，ヘッフェの唱える「最小国家」よりももっと権限の小さな，つまり超最小国家に近い，「ネットワーク国家連合」であり，それに伴う訪問権で重要なのは，人々の持つ他者への共感である。これをさらに議論するには，この短い『平和論』読解だけでは無理である[6]。

同時に，国家と資本主義と，その不可避性を論じる必要がある。三つの確定条項はそのことを言っている。国家が止揚されるのではない。国家は国家の役割を果たしつつ存続し，資本主義の経済活動の中で，国家を超える機構を自ら創り，そこに平和に近づくプロセスを見出して行く。

それら平和のための確定条項が，果たしてどのように達成されるのか，カントはそのメカニズムを考え，かつそれを論証しようとした。そこに登場するのが，「自然の合目的性」という概念である。つまり，目的論が必要になる。諸個人のエゴイズムを通じて，文化が生じ，平和が生じる。平和は，人類の最高の目的である。そのことを説明しなければならない。このことを以下の節で示したい。

1-3-3 『判断力批判』の所有論

『判断力批判』「付録 目的論的判断力の方法論」83節「目的論的体系としての自然の最終の目的について」を読むと次の三つのことに気付く。ひとつ

は，これは，『平和論』の第一補説そのものだということである。まず所有についての言及がある。そして格差があり，競争があり，それが戦争につながる。戦争は，不可避なものと考えられるが，しかし同時にそれが，平和をもたらすものと考えられる。戦争は，「甚だしい苦難を人類に課す」が，しかし「心的開発に資する一切の才能を最高度に発達せしめる動機を成す」とされている。先に私は，『平和論』は，その第一補説を読まなければ，その意義は分からないと書いたが，まさにそれと同じ主張が，つまり戦争は必要かつ必然的であり，それこそが平和をもたらすという主張がすでに『判断力批判』のこの節にある。まさに，『平和論』の主張がここに凝縮されていると言うべきである。

　第二に，これはすでに佐藤康邦やピヒトが指摘しているように（佐藤2005 p.243，Picht 第2章第2節），ヘーゲルの「理性の狡知」を思わせる。こういう点で，カントとヘーゲルはよく似ている。

　第三に，ここは『判断力批判』の「付録」の中で，ちょうど，自然の話から，神の領域へ移行する個所である。これは，つまりこの移行は，『純粋理性批判』の対象から，『実践理性批判』の対象への移行でもある。

　この第三の観点はさらに注意深く論じられねばならない。『判断力批判』の前半は，『純粋理性批判』の感性，悟性と，『実践理性批判』の理性とをつなぐものだとされている。それに対して，後半の自然の合目的性は，カントの体系の中にうまく収まらないものとして，敬遠されてきた。しかしここに来て，この個所を理解すれば，うまく，『判断力批判』後半の議論の，カント哲学全体の中での位置付けができる。

　同時に『平和論』は『判断力批判』の目的論を最も良く示している。平和に至る可能性をどこに見つけるか。それが自然の目的の持つ課題である。あるいはこう言っても良い。目的論は『判断力批判』の後半で扱われ，それがカントの『平和論』に結実している。

　自然は認識主観の発展を促す。自然の合目的性が自然のその能力を保証している。そしてその自然の合目的性は，感性的，現象世界の内にある自然と，それを超えた超感性的，本質的世界とをつなぐものなのである。目的という

理念は，客観の側にあるのではなく，主観の側にあるが，しかし主観と客観をつなぐものだ。主観の側にあり，かつ客観の側にもある。

　以下，カントの説を次のようにまとめて，目的論を導きたい。まず，カントの認識論の精髄は第一批判書『純粋理性批判』にあり，その要旨は次の通りである。人間の認識は確かなものとなり得るかというのがここでの問題意識である。認識の対象である現象は，客観そのものではなく，人間の主観の，時間と空間についての先天的認識能力という枠組みの中での，悟性のカテゴリー使用の能力に基づいて，構成されたものである。現象は人間の先天的な能力が構成したのだから，絶対的に確実な認識となり得るというのが，この批判書のカントの言い分である。

　第二批判書『実践理性批判』では，第一批判書で規定された現象の奥に，実は物自体という本質的な世界があり，それを人間は認識することはできないが，実践によって，近付くことができるとされる。これは神の世界と言って良いのだが，人間は道徳的な行為をすることでこの物自体の世界に入ることができるのである。

　第三批判書『判断力批判』は，しかしこれらふたつの批判書に比べると，特殊な位置にあるかもしれない。第一批判書の対象は感性の世界で，これは自然の因果律によって規定されていて，人の悟性がそれを把握する。第二批判書の対象は，感性を超えた超感性世界で，ここで人は実践的理性によって，道徳的行為をし，そのことによって，自由を得る。第三批判書では，「自然の合目的性」とそれをつかさどる判断力という概念が提出される。これによって，第二批判書でテーマとなった，自然の因果律と自由とが，自然の合目的性，つまり自然の中で実現されるべき目的の可能性の中で調和しなければならないとされるのである。そしてこの判断力によって，自然の世界と自由の世界とが統一される。

　もう少し詳しく言うと，こういうことだ。自由は自然の中で実現されなければならない。しかし自然には法則があるだけで，自由とは相容れないように見える。しかし自然が自由の世界とつながっていて，自由を実現できるように何らかの合目的性を持っているとするならば，自然の中で自由が実現で

きると考えてもおかしくない。とすればやはり，感性的世界に属する自然と超感性的世界の自由とは，自然の根源に超感性的なものがあり，それの持つ目的に従って，自然が作られているという仕方でつながっていると考えるべきだ。現象界を認識する悟性はしかし，この自然の目的を認識できない。実践理性は自由の世界に関わるが，自然の目的に関わるものではない。とすれば自然の目的を管轄するのは，何か別のものであって，これがこの悟性と実践理性との中間にあるとされる判断力なのである。

『判断力批判』の論点はふたつある。判断力の原理は自然の合目的性であるが，その対象はふたつあり，美と有機体とがそれである。それはそれぞれ，『判断力批判』の前半と後半の議論に対応する。美しい対象を美しいと考えるのは，その対象が認識の能力と良く調和していて，そこに合目的性があると判断されるからだというのが前半部の議論のポイントで，有機体は，自然の技術がある目的を持って作り上げたもので，有機体の根本には，自然の目的を想定せざるを得ないというのが，後半の議論の骨子である。

『判断力批判』は，今やちょっとしたブームであるが，その火付け役となったハンナ・アーレントは，まず，自然の合目的性という考え方を拒否し，その上でその前半部の議論のみを評価する。後半部はまさに目的論が前面に出て来るからである（Arendt）。アーレントの特殊な体験を考えれば，それは頷けるかもしれない。目的論というのは，この後にヘーゲルによって展開され，さらにそれはマルクスを経て，マルクス主義国家の持つ全体主義につながるとアーレントは考えるからだ。

アーレントはその問題意識から，判断力の中の美的判断力のみに注目する。それは，共同体の中で生活する人々が，他人に対してその判断の妥当性を要求するものだ。美的判断は，趣味判断とも呼ばれる。快不快の判断は完全に個人的なものであり，一方で，善悪の判断は，カントによれば客観的なものである。それに対して，趣味判断，つまり美醜の判断は，個人的なものでありながら，客観性を要求する。つまり他人に通じないとならないものだ。言い換えれば，この判断は，個人的な世界と普遍的な世界の中間にあり，他者を含む世界にある。

ここからカントの政治学が出て来ると彼女は考える。政治的判断力とは，次のようなものだ。人はまさに共同体の中で，様々な活動をするが，その特殊な主体の特殊な活動は，特殊であると同時に，普遍的，客観的に妥当するものとして判断される必要がある。つまり他者の理解がそこでは不可欠で，その判断は他者を説得し，他者によって納得してもらわなければならないものなのである。

　そこから帰結されるのは，あくまでも資本主義国家内で，諸個人の自由を最大限認めるという政治学である。経済的には，格差が大きくなりすぎないよう配慮し，政治的には，多様な価値観を持った人々が共存し，誰もが政治という共同の場に参加し，そこでは開かれた議論が行われる。そういう社会民主主義的な政治学がここから出て来る。

　カント自身も，実は美的判断力こそが，判断力の本質であると認めている節があるのだが，しかし私は，カントが十分にはその意義を自覚せず，アーレントがあっさりと拒否してしまった目的論の方を評価する。そのことを説明する前に，もう少し，回り道をして，もうひとり美的判断力を評価する説を挙げておく。

　柄谷行人の他者論は以下のようにまとめられる（柄谷）。ここでも『判断力批判』の前半部が使われる。先に，美的判断は，主観的判断と客観的判断の間にあるものであった。そして美的判断は本質的に他者概念を含んでいる。同じように考えると，第一批判書で扱われる物自体は，主観の構成する現象としての世界と絶対的に客観的な世界との中間にある。だから物自体も美的判断と同じく，これもまた他者を含む世界である。このように彼は主張する。

　もっともこの，物自体は他者性であるという説は，第一に，カントの解釈としてはいささか無理がある。つまりこの，物自体が，現象と絶対的に客観的な世界をつなぐものであり，認識を成立させるものであり，そこに他者とのコミュニケーションが必然的に含まれているものだから，物自体は他者のようなものであると言うのならば，これは正しい。つまりこれは一種の比喩であるに過ぎない。第二に，そこで展開される他者論，つまり認識と対象の間には，他者が必然的に要請されるという主張は，主張自体は正しいと思わ

れるが，現代哲学としてはありふれているものだ。現代哲学が問題にしてきたことを良く踏まえて，興味深い観点を提出しているとも言えるが，しかし20世紀の哲学者ならば，誰もが言うようなことだ。そして第三に，ここが根本なのだが，ここから彼は，アナーキズム共産主義を提唱する。カントの「世界市民」という言葉を手がかりに，カントの主張を，国家や共同体を止揚することにあるとし，諸国家の権力を超えた世界を夢見るアナーキズムにしてしまう。そしてそのアナーキズムを今度は共産主義と結び付け，さらにカントの「自由の国」という言葉を手がかりに，これらを同一視する。つまり，諸国家が主権を放棄した上で成立する共産主義社会を，カントは「自由の国」と呼んだとするのである。しかしこれはまったくの誤解であると私は思うし，このようにカントを捉えると，実はカントの意義が見えなくなってしまう[7]。ではどう考えるべきなのか。

　私の提案は，第三批判書後半の自然の目的論に依拠すると，新たな観点が見えて来るということに他ならない[8]。ピヒトを参照しつつ，再度，目的論を擁護しよう。ピヒトの主張は次のようにまとめられる。まず，『判断力批判』の目的論こそが，『純粋理性批判』と『実践理性批判』をつなぐ。つまり『純粋理性批判』の課題である自然認識は，目的論に至ってはじめてその基礎付けができるし，また『実践理性批判』の中で，自由が自然の中でいかに現象すべきであるかは未解決であったが，それが目的論の中で，現実化する（ピヒト　第2章第1節）。「自然の根底にある超感性的なものと，自由概念が実践的に含んでいるものとの統一の根拠が存在しなければならない」（『判断力批判』序論II）というカントの文がその根拠となる。

　第二にそれは，歴史が要求する国際法の中でのみ行われる。歴史の目的論は，永遠平和に向けての国際法の超越論的原理を目指しており，永遠平和という，「カントによる国際法の先験的基礎付けは，カントの歴史哲学の頂点」（ピヒト　第2章第3節）である[9]。私たちは，この目的論について，もう一歩踏み込まねばならない。

　『判断力批判』の目的論は，自然と超自然的世界をつなぐものであった。目的論的原理は反省的判断力の原理である。この原理によれば，自然の内に

目的があるとか，さらに超感性的存在が目的論的であると主張することはできないのだけれども，しかし私たちの判断力が目的論的であるならば，自然の内にもまた超感性的世界の中にも目的があるのだと，推理できるはずである。つまり目的は中間的，媒介的存在である。

目的概念は，最初は理念であり，つまり主観の側にある。しかしそれが物自体とつながっている。自然はまず，第一批判書では，主観の形式の中で，認識の対象である。第二批判書で展開される，人間の道徳的行為は，第三批判書においては，その自然を対象とする。ここで自然は実在的なもので，それ自身存在するかのように考えられ，かつまたそれは主観と連続しているのである。

このようにも論じられている。自然の合目的性は，客観としての自然の側と判断力という認識主観の側との両方から考えられているのである。この両者が統一されているならば，自然の根源に超感性的なものがあるはずだし，この超感性的なものが持つ目的によって，自然が作られていることになる。つまり超感性界と感性界とは連続している。この連続性を歴史が保証するというのが，カントの目的論である。私は以下に，このことを詳細に検討するために，次の三点から考え直したいと思う。まず，現象としての自然がシステム論的に成立していること，そしてその現象としての自然と，客観そのものの自然がつながっていることを反映論から考える。最後に，その両者のつながりは，まさに進化論的であることを示す。以上である。

自然がシステム論的であるというのは，ひとつは自然が全体論的であるということを意味する。カントがここで対象としているのは，自然の美や有機体的な存在，学問や芸術から，社会制度，社会構造である。それらが全体の中で調和が取れていて，またその中で，個体は類と有機的な関係を結んでいる。社会関係の中で言えば，その中で個人の役割が明確であることをそれは意味する。目的論は，確かに全体論的であるが，しかしアーレントが誤解したように，そこにおいて，個が全体の犠牲になるものではなく，むしろ逆に個の主体性を全体の中で確認するものである。

第二の反映論というのは，客観が主観の外に実在し，その客観を主観が正

しく反映するということを必ずしも意味しない。そうではなく，そもそも主観が客観を認識できるのは，つまり主観が現象を構成できるのは，主観の形式の中で構成された現象としての客観と対応するものが認識の外にあるだろうと推定され，その何らかのもの（こういう表現しかできない。というのも，それは何ものであるのか認識できないのだから）と現象とがつながっているからだろうと考える考え方のことである。カントの目的論は，主観とそれが構成する現象と，その向こうにある物自体とが，何らかの仕方でつながっていると考える考え方のことであった。従って，カントの目的論は反映論的である。

　カントの認識論以降，ごく大雑把に言って，物自体を切ってしまったのが現象学であり，その物自体を含んで，主観客観関係を運動として捉えたのが，ヘーゲルと，とりわけ『精神現象学』のヘーゲルを踏まえたマルクスの唯物論であり，反映論はここから出て来る。しかし認識というのは，認識の内部にあるものだけを扱うのであり，認識主観の内部にないものは認識できないというのは，現象学と反映論のどちらの説においても共通している。現象学は，だから現象だけを問題にし，反映論は，現象が何らかの秩序を持って認識されるならば，その外に同じく秩序立った客観があるはずだと考える。

　もう少し考えてみる。確かに意識は意識の中にあるものしか意識できない。しかし知覚は意識の中に生じるけれども，意識の自由になるものではない。それはやはり意識を超えている。それは意識に意識の外に何かがあると自覚させるのだ。つまり意識は意識の外に実在があることを確信している。そう考えるのが唯物論である。さらに，意識が意識内の現象を何らかの秩序を持ったものと認識できるということは，その外にある実在もまた，多少は秩序立っているはずだ。そう考えるのが反映論だ。そうすると，カントの認識論はすでに十分唯物論的であり，反映論的である。

　さらに考えてみよう。ここでもう進化論が出て来るのだが，私はそもそも客観的実在が意識を持った人間を生み出したと考えるから，意識が秩序立っているのなら，それを生み出した客観もそれなりに秩序立っていなければならないと考える。物質は確かに人間の精神ほどにははっきりとした秩序を持

つ訳ではないが、しかし人間の精神の秩序を生み出したのだから、それを生み出すことができるほどには秩序立っているのである。ここで主観的世界は客観的実在が生み出したものというのは、二重の意味でそうである。ひとつは、今述べてきた反映論の意味においてそうである。そしてふたつ目に、物質が発展して生物を生み出し、生物の進化の結果、精神が生み出されたという進化論の意味においてもそうである。

　カントは、歴史の中で自然が道徳を育てるということを考えている。これは進化論的と言っても良い。現象界における自然の進化が道徳界における自由の能力に影響を及ぼす。客観的世界と主観的世界とが、目的論でつながっていて、それが人間を進化させるという点が重要である。

　カントはもちろん神を想定しているし、物自体は神の世界である。進化論はまだ考えられていない。しかし以上のように考えた方がすんなりと行く。

　こういうことがなぜ重要か。そもそも認識と実践はつながっていて、どう世界を認識するかということは、どう実践するかということと密接に関わるのである。そのことを示したのが、この『判断力批判』である。そして私は、このことを、システム論的、反映論的かつ進化論的に理解しており、つまりあるシステムはどう外界とつながるか、また、どう生成し、発展し、分化し、他のシステムと関わるか、そういう問題として考えたい。そしてそこでは、自然の大きな目的のための、個人の具体的な役割が明確になると思う。ハンナ・アーレントは、目的論的歴史観では、人類という全体の原理のために、個人が歴史の進歩の前に従属的な位置しか示し得なくなると、これを拒否したし、今でも目的論はそのように考えられて、現代哲学では嫌われている。しかし目的論は誤解されている。ここでは、これがこの後にヘーゲルの類個関係論を経て、個人の意義が確認されるはずだという見通しだけを与えておく。

●注
1）　寺田俊郎も同じことを指摘している（寺田 2007）。
2）　ルソーはしかし共産主義を主張してはいない。『社会契約論』の中で、複数

箇所に見られる表現を使えば,「すべての人がいくらかのものを持ち,しかも誰もが持ち過ぎない限りにおいて」(例えば(Rousseau 第1編第9章の注))という程度の私的所有が肯定されている。
3) この言葉は,『リヴァイアサン』にはなく, *De Cive* の謝辞にある。
4) カント平和論については,夥しい論文がある。日本に限っても,古くは,片木清が整理していて,その後のものは,翻訳も含めて,山根雄一郎にある(片木),(山根 2008)。
5) 私の解釈では,第三条項は付随的なもので,ただ単に第二条項を確認するものだが,理論的にはしかし付随的でも,現実的には,これはヨーロッパの植民地批判としての意義を持つ。つまりカントの現実感覚は鋭く,その意味で,平子友長と寺田俊郎の指摘は重要である(平子),(寺田 2007)。また,カントが,「所有」という言葉を使っているのは,第三条項においてだけだが,しかし第一補説の説明を見れば,三つの条項すべてが所有から来ていることは明らかである。
6) 多元的な公共圏が網の目のように織りなされ,その中で世界連合が平和維持の機能を果たせるようになると考えるボーマンに私の考えは近い(Bohman1997,2002)。
7) 以上は,(竹田 2004)を参照した。
8) 目的論の文献として,以下が挙げられる。(黒積),(佐藤 1991, 2005),(志水),(田邊),(牧野英二 2002, 2003)。
9) 牧野は,ピヒト説への批判として,次の二点を挙げる。すなわち,それがキリスト教神学を前提としていること。また,そこで果たして,永遠平和は本当に保障されているのかという疑問である。これはしかし,目的論への批判というよりも,カント平和論に対する批判,つまり平和論は,キリスト教徒から成る同質的な諸国家に基づいた EU にしか当てはまらないし,また,一般的にそれは平和を保障しないという批判ではないか(牧野英二 2002)。

第2部　ヘーゲル論

2-1　ヘーゲル所有論一般

　ヘーゲルの所有論を，2-1-1では，『法哲学』に即し，2-1-2では，初期ヘーゲルに即し，2-1-3では，『精神現象学』に即して論じる。
　『法哲学』は所有に始まり，所有をどう扱うかということが主題であり，最後は国家の問題まで論じている。ここに基本的な，ヘーゲルの所有観が出ている。
　しかし注意すべきは，精神の歩みを論じた『精神現象学』も，また一種の所有論であるということである。つまりヘーゲルにおいて，先のロックとカントと同じく，認識の問題は，所有の問題である。そのことを，『精神現象学』において解明するが，その前にその発想は初期ヘーゲルに求められるということも論じたい。
　すでに，ロックを論じた1-1において，まず『統治論』における，社会契約論の前提となっている所有論をまとめ，その上で，所有論と認識論との同型性を，初期ロックに探り，最後に，認識論の大著『人間知性論』に，所有の論理を確認した。同じことを同じ順に，ここではヘーゲルにおいて，確認してみたい。

2-1-1　『法哲学』の所有論

　『法哲学』は，所有から始まる。この書は，法（Recht，権利と訳しても良い），道徳，人倫の三部から成り，その第一部が，所有から始まる。この第一部の展開について，及び，法（権利）から第二部の道徳への移行については，この節で扱う。その後，道徳は社会の中で，具体的な形態を取り，第三部の人倫となる。この人倫については，2-3-3節で扱う。家族，市民社会，国家とそれは展開していく。つまりカントと同じく，ヘーゲルについても，その社会観は，所有に始まり，国家の発展までをその対象としている。
　まず，『法哲学』第一部「抽象的な法」第一章「自分のものとしての所有」は

以下のように三つに分かれる。

 A. 占有取得
    ⅰ　肉体的獲得
    ⅱ　形造り
    ⅲ　標識
 B. 物件の使用
 C. 自分のものの外化，または所有の放棄

私たちはこのA, B, Cの三つからそれぞれ彼の所有観を見ることができる。

 A. 主体が自然に働き掛け，それを自分のものとする。すなわち，占有取得の内，ⅰ肉体的獲得とⅱ形造りがそれに相当する。さらに，ⅲ標識において，社会の中でその主体の所有が認知される。
 B. その物件は使用されることで所有されているということが明らかになる。
 C. 物件の所有については時効があり，やがてそれは放棄される。そして所有は，放棄されることによって，あらためてそのことが認識される。

ここで注意を先に与えておけば，ヘーゲル読解においては，カテゴリーの移行が最も重要で，どのように移行するのか，その論理を追うことが大切である。第二に，ヘーゲルの論理においては，後に出てくるカテゴリーがより多く真理を担っている。このことが注意されねばならない。

以下，具体的にヘーゲルの記述に即して見て行きたい。まず『法哲学』は，意志から始まる。

「法の地盤は一般に<u>精神的なもの</u>であり，そのもっと正確な場所と出発点は<u>意志</u>である。これは<u>自由意志</u>である。従って，自由が法の実体と規定である。法体系は実現された自由の王国であり，精神が自ら生み出した，第二の

自然としての,精神の世界である」(4節)。

　ロックの主体と違って,ヘーゲルは『法哲学』を論じる前に,『エンチュクロペディー』で十分に主体の生成について論じている。『エンチュクロペディー』の第三部は,「精神哲学」であり,それは,「主観的精神」「客観的精神」「絶対的精神」から成り立っている。この「客観的精神」が『法哲学』に相当する。つまりヘーゲルはここで,長々と「主観的精神」,つまり精神の生成を論じ,次いで,法の領域に入っていくのである。

　「(自由意志が存在するが),それは主体の,それ自身の内で個別の意志である」(34節)。(なお,以下,括弧の中は筆者の解釈である。)「主体は(自己関係する),その限りで人格である」(35節)。しかし彼は単に主体であるに過ぎず,「人格は理念として存在するためには,ある外的な,自らの自由の圏を自らに与えねばならない」(41節)。このあと,物件が導入される。

　「自由な精神と直接的に異なっているものが,その精神にとっても,それ自体にとっても外的なもの一般である。外的なものとは,ひとつの物件であり,不自由なものであり,非人格的で,無権利のものである」(42節)。

　「私が,それ自身外的な支配力の中に,あるものを持つ,ということが占有である」(45節)。「人格として私は直接に個別者である。…この人格としての私は,私の生命と身体や,他の様々な物件を,それが私の意志である限りにおいてのみ,持つ」(47節)。「身体は,精神の意志を持つ器官となり,生き生きとした手段となるために,まず第一に精神によって占有されねばならない」(48節)。主体は精神であり,それはまず身体を所有する。それから物件の所有へと進む。

　どのように物件を所有するか。まず身体的獲得(55節)がある。これは要するに,自分の手でつかんだものが自分のものである,ということだ。

　次いで,形造りがある。「形造りは,理念に最もつかわしい占有である。なぜならば,それは主観的なもの(自分で立てた目的)と客観的なものとを自分の内で合一させるのだから」(56節注)。ここでヘーゲルは,土地の耕作,植物栽培,動物を馴化して飼育することを具体例として挙げている。この時点で,ロックの労働による所有という考え方と良く似ているということは指

摘できる。さらに土地所有から始まって，議論は進み，植物，動物と，生物が所有の対象となる。このことについて，つまりヘーゲルにおいては，生物を所有することが，所有の根源に関わることについては，後の節で詳しく考察されることになる。

それから標識が来る。ここまで対自然で所有が考えられていたのに，ここで社会的に承認される，という契機が入る。「標識付けによる占有は，すべての占有の中で最も完璧である。…標識は他の人に対してのものであり，他の人々を排除するためのものであり，私が私の物件の中に私の意志を置き入れたことを他人に示すためのものである」(58節補遺)。

さて，ここから所有の第二段階になる。物件の使用が所有の一形式であるとは，その物件が使用価値を持つということである。そして物件が使用価値を持っていることは，物件を使用することによって明らかになる。同時に所有者は，物件の交換価値も所有できるようになる。「私は物件の完全な所有者であって，物件の使用についての所有者であるだけでなく，物件の価値についても所有者である」(63節)。私は物件を持ち，その物件は使用価値と(交換)価値を持つ。

さらに使用と所有の関係が解明される。「使用とは，物件を変化させ，滅ぼし，消費することによって，私の欲求を実現することである」(59節)。「物件は私の欲求の充足の手段に貶められている」(59節補遺)。第一に，物件は使用されることによって，所有されていることが明らかになる。第二に，使用は時間の中で行われる。使用は持続的な欲求に基づいて行われる。ここから時効の概念が発生する。長い時間，物件の占有や使用をしなかった場合は，その物件は無主となる。「時効は所有の実在性という規定に基づく。つまり，ある物を持とうとする意志は，その意志を外に表現すべきであるという必然性の規定に，時効は基づく」(64節注)。

さて，第三段階の定義が外化である。「私の所有は，私がその中に私の意志を置くという理由でのみ，私のものであったが，私はそれを私の外に放棄することができる」(65節)。「この放棄すること，譲渡することが，ひとつの真の占有である」(65節補遺)。

物件を使用しないで，長い時間がたてば，時効になり，私のものではなくなるが，これは私が直接意図した結果ではない。しかし私がこの物権を私のものではないと明言すれば，それは放棄となり，それが所有の一形式であり，しかもヘーゲルの論理によれば，それは最後の形式だから，それこそが真の所有の形式であるというのである。これは一見逆説的であるが，しかし理解するのに難しいことではない。私は他人のものを占有したり，使用したりすることはできるが，譲渡することはできない。だから譲渡できるというのは，その物件を私が完全に所有している証拠なのである。ヘーゲルが言いたいのは差しあたって，そういうことだ。

いくつか重要なことがある。まず，この所有の最高の形式である譲渡から，次の契約概念が出て来る。そして契約とは，その物件を，その使用価値から離して，社会の中における価値として見るということに他ならない。また契約には，少なくともふたり以上の人間がそこには必要となり，さらにそのふたり以上の関係を拘束する法的関係がなければならない。物件の所有者は，物権を譲渡すると契約することによって，相手から，その物件の真の所有者であったということを認めてもらい，かつそれを法的に承認してもらう。つまり，ヘーゲル的に言えば，契約が所有の真理なのである。そうしてそこから，所有の論理を超えて行く。

次のふたつの確認がさらに必要である。ひとつはこれらの所有の諸定義の現実的意義についてである。まず，労働と承認は，所有の発生的定義である。このふたつによって，所有が正当化される。次は現実的定義である。使用することが所有の現実的な意義である。本来，人は物件を使用するために所有するのである。また使用できる限りで所有すべきであり，使用できないほどに所有してはいけないといったこともここから指摘できる。最後は，究極の定義となる。人は，自分の所有を人から認めてもらうだけでなく，他人の所有も認めねばならない。人は自分の所有であった物件を他人の所有物とすることで，つまり交換，譲渡，売買することで，その所有物がかつては自分のものだったことを他人から正式に認めてもらえ，また現在は他人の所有物であることを認める。ここに相互承認によって，法が発生することが説明され

る。

　ここで付言すれば，発生的定義のふたつ目の承認は，自分の所有を他者から認めてもらうという一方通行の承認であるのに対し，究極的定義の相互承認においては，自己と他者が相互にその所有を認め合っている。その違いは注意すべきである。

　もうひとつ重要なのは，『法哲学』全編の中での所有論の位置付けである。膨大な『法哲学』の学説史の大部分は，前半の所有についてではなく，そのあとの，とりわけ人倫についての議論である。つまり所有論の議論はきわめて少ない[1]。しかし，人倫は，所有を巡って自己が他者と関わり，自己も他者も所有の主体として相互に承認し合う体系に他ならない。所有論こそが，その根本にある。

　ヘーゲルに即して言えば，「法 (Recht) 哲学」と訳されるが，むしろ「法と権利の哲学」とすべきであり，その全体の，第一部が法と権利であり，その最初に所有が来て，そこでその所有が法的に権利として認められる。それが道徳を経て，人倫に至り，自己と他者との相互承認の体系が完成する。そこでは所有に即し，かつそれを超えた論理で，社会的諸関係が作られる。そのような構成になっている。

　この節に続けて，私たちはヘーゲルの他の著作を読むことになるが，そこにおいても，隠れた概念として，または明示的に，所有は常に存在している。そのことを解明しよう。

2-1-2　初期ヘーゲルにおける所有論

　ヘーゲル『法哲学』は，所有論の論理から始まり，それが，『法哲学』全編に行きわたっていることは，前節で確認したばかりである。その所有の論理が，一般には認識の進展を示しているとされる『精神現象学』に縦横に活かされていると私は考える。そのことを次節で示す前に，この節では，初期ヘーゲルにおける論理構成を見たい。それは後の二著をつなぐだろうと考えられる。

　この二著の類似性の原型を最初に示すのは，『人倫の体系』(1802-1803) で

ある。ここでは出発点は感情である。これは『法哲学』の出発が意志であることに対応する。「最初のポテンツは直観としての自然的人倫」(p.281=p.16)であり，その直観は，「個別的な感情に完全に沈潜したものとして存在する」(ibid.)。

感情は，主体と客体の分離を前提し，その分離を克服する過程として，欲求，労働，享受が考えられる (p.282=p.18)。分離を克服したいという欲求，それを克服する労働，その結果の享受というトリアーデである。そしてその労働に占有取得の根拠が求められる (p.284=p.22)。

ここにおいても最初の労働のイメージは，栄養物摂取である。つまり外的なものにまず，栄養物としての価値付与をし，主体の側の食欲という欲望と合致させる。つまり客体を主体に取り組むのだが，無差別に自然物を摂取するのではなく，主体の側の感情に従って，対象の側を限定し，その限定によって，対象を「観念的なもの」(p.283=p.19)とする。ここにヘーゲルの観念論の最初の姿が，つまり他者の自立性を否定して，自己のもとにそれを取り込み，自己の一部として含ませるということが明確に述べられている。

後の『法哲学』は，所有に始まり，所有は労働から始まり，そうしてその所有概念を克服して「人倫の体系」を作るので，このヘーゲル初期の『人倫の体系』がすでに『法哲学』の論理を持ち合わせているというのは，いわば当然と言える。しかし私にとって興味深いのは，次の点である。

その労働の内，とりわけ本質的なものと考えられているのが，その対象が生物である，「生ける労働」である。植物や動物を対象とする労働は，その対象がまさに，「普遍的でかつ特殊的である」ために，労働もまた「実在的で，生ける労働」となり，その活動も，「総体性として認識されなければならない」(p.286=p.24)。そしてこの労働が「総体性である」ことによって，主体は単に「主体であるだけでなく，同時に普遍的で」あり，そして，自らを普遍性として定立することでさらに，対象をも普遍的なものとして持つ (p.288=p.28f.)。すでに述べたように，『法哲学』の所有の対象として，生物が挙げられていて，そのことがここで想起されるだけでなく，以下の節に述べるように，『精神現象学』において，主体が対象に関わる過程の中で，対象が，生物になった

ときに,その普遍性が議論される。そのことに注意が向けられるべきである。

普遍とは,ヘーゲルにとって,本質的なもの,真なるものと同義である。生物は類的存在であり,それは普遍的なものである。もっとも生物自体はそのことを認識していないので,個々の生物の中にその類を見抜くのは,精神を持った人間の仕事である。「自然哲学」(『エンチュクロペディー』第二部)の246節補遺では,「精神は生命と自然の内の普遍的な連関を感じ,…個別的な生物の内にも,同様に自己自身の内の内的な統一を感じている」とある。自然はすでに普遍であるが,それが十全に展開されると精神となる。この間の機構をもう少し詳しく見れば,まず,自己と他者の問題が,この自然から発生する。対象がただのモノから,生物に至ったときに,主体の側は,対象の中に自己を見出し,それと同時に,自己をその他者から見た他者として認識するからである。対象は,ここに至って,「知性」(ibid.)となり,『精神現象学』の自己意識につながる。そうしてそこからさらに,精神が記述される。これが,初期に始まり,ヘーゲルが生涯関わった論点である。ここではまだ相互承認論はごく初歩的なものである。つまり他者を自己とみなし,他者から自己を自己と承認してもらうのだが,それは単に,互いに相手を所有の主体とみなすだけである。所有を超えて,人間関係を作る段階は,この後のものである。

さしあたってここでは,この『人倫の体系』の議論が『精神現象学』の前半の議論と重なり合うということを指摘したい。次の節で,より詳細に『精神現象学』と『法哲学』の論理の類似性を示すが,その原型がここにある。

ここで個別的な客体は,植物,動物,知性と変化し,他の物と関わり,普遍的なものとなる。一方主体も他者との関わりの中で,普遍的なものとなる。さらに主体は「ただ単に他者との関係で普遍性であり,かつ無差別であるだけでなく,対自的に存在する定立されたもの,真に絶対的に普遍的なものでなければならない」(p.288=p.29)。

ここで次のようなことが考えられている。主体は,労働し,生産物を作るが,自己が必要とする以上のものを作り出す。その「剰余」(p.297=p.46)という客体は,他人も使用できる普遍的なものである。一方主体も,他者との関係にある普遍的なものである。このことによって,占有は,他者との間で,「所

有」(p.298=p.47)となり,そこから権利が生じる。「所有における普遍性の抽象は,権利(Recht)である」(ibid.)。ここでヘーゲルは,この権利が物という特殊態に反映されると,「価値」(p.300=p.52)が生まれると考える。ここに,個別が普遍性を帯びることで,観念的なものが成立するという機構が説明されている。そしてそれによって,価値が生じることで,つまりこれが観念的なものであるのだが,所有物は交換され得る。これをヘーゲルは,「汎通的な観念性(die durchgängige Idealität)」(p.300=p.51)と呼ぶ。これが相互承認論の始まりである。他者の所有を認め合い,価値付けをし,ここから交換が生じ,契約が必要となり,法に至るのである。

もう一点,着目すべきことは,本書でキーワードとなる「中項」(Mitte)の概念が,すでに明確に述べられていることである。「主体的なものであり,同時に客体的なものであるという性質を持ち,かつこの両者を媒介するもの」(p.290=p.33)として,中項は以下の三つを具体的な姿として持つ。今,労働の対象は,生物であった。生物は,両性相俟って子どもを産む。その子どもが,両性の中項となる。次に,労働には道具が必要で,その道具が主体と客体の中項となる。最後に言語は,自己意識同士の中項となる(以上,pp.290-295=pp.33-42)。この中項によって,対立する二者は結ばれ,かつそのことによって,実在する個別的なものは,観念性を帯びる。

さて本節で,もうひとつ,私の挙げたい初期ヘーゲルの著作は,『イェーナ体系構想Ⅲ』(1805-1806)の「精神哲学」(『イェーナ体系構想』所収の「精神哲学草稿Ⅱ」)である。そこにおいては,これも『法哲学』の原型をなす論理が存在し,かつ,『精神現象学』後半の所有を超えた相互承認論に至るまでの論理が,つまり『人倫の体系』より一歩進んだ論理が見られる。

議論の出発点は,精神であり,それは知性と意志から成り立つ。まず知性の節は,一見すると,『精神現象学』の議論と良く重なる。そして続く意志の節は,今度は『法哲学』の議論そのもののように思われる。

知性の節から見て行きたい。ここで考察されるのは,「精神の運動である」(p.185=p.117)とされる。精神は自己自身であり,自分自身に対立して存在する(p.186=p.118)。対象の存在は,精神の知性としての作用により,私の

中にあり，私のもの (Meinung)，私の所有物である (p.188=p.120)。私は対象を印として自己内に持つ。ここで名辞が中項になる。自我は名辞を占有し，そうしてその名辞が中項となって，自我と対象とを結ぶ。自我はその対象を，さらには中項として，名辞も自己自身とみなすから，この精神の運動は，自己が自己を産出する試みであり，従って，自己関係である (pp.188-194=pp.120-128)。

　ここでもすでに，「労働」の概念が出現している。「自我の労働は，自分自身に対する最初の内的な働き掛けであり，…精神の自由な高まりの始まりである」(p.194=p.128)。つまり『精神現象学』の精神の運動を思わせる記述が，すでに労働概念を下敷きに成立している。さらには，ここですでに，普遍と個別とを中項が推理論的に媒介するということが言われている。

　しかしこの知性は自由ではあるが，その運動は，まだ内容を持たない (p.201=p.136)。そこで次の段階に進むのである。ここから意志論が始まる。

　意志はまずは普遍的なものであり，目的である。次いでそれは，個別的なものであり，活動である。最後にそれは，両者を結ぶ中項であり，衝動である (p.202=p.138)。この衝動が労働を生み出し，労働によって，衝動は充足する (p.206=p.143)。

　精神は対象を自己とみなす。しかしまだ物としての対象は，自己にはなり得ず，その時点ではまだ可能性にすぎない。そこで，意志が対象を自己にすべく，労働を通じて，その実現を図る。労働は物を自己とすることであるが，同時に自己は，自己でありつつ，かつ労働の産物という対象になることでもある。ここで労働は自己関係である。自己は労働によって対象化された自己と関わる。この自己関係の論理が同時に承認の論理となる。自己は対象の中に自己を認める。それは対象という他者の中に自己を認めることになる。「他者の内に<u>自己</u>を直観することが各人にとっての目的である。…この二つの自我，つまり私の内なる自我と，他者の中で止揚された自我とは同一である」(p.219f.=p.161)。

　論点はここでほぼ尽きていると見て良い。その後の節では，この相互承認論が深まり，契約が，さらには，法が議論の対象となる。

体系期の著作『エンツュクロペディー』はヘーゲルの全著作を体系的に位置付けたものである。その第三篇「精神哲学」の構成は、第一部第二章が「精神現象学」で、続く第二部が「法哲学」である。従って、この『イェーナ体系構想Ⅲ』「精神哲学」の最初の節「知性」が、『精神現象学』の議論であり、続く節「意志」が『法哲学』の議論になっているということ自体は、後の体系の萌芽と見ることができて、そのこと自体は驚くべきことではない。

しかしこのヘーゲル初期の草稿群において、まず「知性」の節で、労働概念を出し、その不十分さを補うために、次の「意志」の節で、十分な労働概念を展開して、所有論を述べているということから考えられるのは、ヘーゲル初期の集大成とも言うべき『精神現象学』を、ヘーゲルの所有論として読むことが可能だし、またそうすることは、ヘーゲルの真意を汲むことでもあるということである。そのことは次の節で示される。さらに、続く2-2の各節は、『論理学』の所有論である。ここでは、この初期ヘーゲルに頻出する「中項」「推理論的連結」がキーワードとなって展開される。その前に一点指摘しておく。

ハーバーマスの主張がここで重要であろうと思われる。彼は次のように主張している。すなわち、初期ヘーゲルにおいて、労働という自己関係的な論理と、相互承認論とのふたつがともに併存して見られると言うのである。「労働と相互行為—ヘーゲル『イェーナ精神哲学』への注—」は、その題名が示す通り、道具を用いて、自然の因果性に関わる労働の論理と、主体間の相互行為における意思疎通の論理とが、重要な役割を示していると言う(Habermas1968)。このふたつの論理は、どちらかから他方を導き出すことは不可能な関係にあり、両者併存して、初期ヘーゲルにおいて、その体系構想を形作っている。しかしヘーゲルは、結局は、後の『精神現象学』において、さらには体系完成期の『法哲学』に至って、その相互承認の論理を捨て、労働という自己関係論にその論理を収斂させたとハーバーマスは考えている。そこでは、相互承認は、自己関係論のひとつのモーメントにすぎないとされるのである。

このことはマルクスにも影響を与えているとハーバーマスは考える。社会

的な諸関係がすべて生産の自己運動に解消されてしまい，生産力がすべてを決定するという機械的なマルクス解釈が生まれる余地を作ったとされている。「<u>飢餓と労苦からの解放は隷属と屈従からの解放</u>とは必ずしも一致しない」(p.46=p.41)。

　この短いヘーゲル論は，ずいぶんと多くの影響を与えた。ひとつは，今述べたように，マルクスの生産力中心主義の考えがヘーゲルに由来するという通俗的な見方を補強した。確かに，対自然の生産力が高まれば，社会の矛盾がすべて解決するだろうという素朴なマルクス主義は多く存在した。しかしそれはヘーゲルとマルクス両方の誤読に基づく。

　第二に，ヘーゲルの論理が最終的に自己関係に収斂していくという考え方は，結局は，普遍意志が前提されていて，個別意志がそこに吸収されていくからだとハーバーマスは考えていて，それが，ヘーゲルにおいては，個人の自由は最終的には国家の中に解消され，市民社会の諸問題も国家に回収されていくという，そのようなヘーゲル観を広めた。

　そして第三に，ヘーゲル研究学説史においても，このヘーゲル論が，つまり自己関係が根本だという考えが，ヘーゲル観として主流となる。一方相互承認を重んずる論も，ヘーゲル研究において，夥しい研究を生み出しており，そこには様々な議論があり，相互承認の論理はヘーゲルを理解するための根本であり，決して自己関係の論理に収斂していく訳ではないことを，具体的にヘーゲルを読み込み，例を挙げることで，詳細に論じるものもある。しかし，ハーバーマスの主張は，自己関係は論理の縦軸となり，一方相互承認は，横軸となって，初期ヘーゲルにおいては，愛という概念が根底にあり，その上に，両者相交わって，論理を作って行くのだが，『精神現象学』以降のヘーゲルにおいては，強引に，前者に後者が飲みこまれてしまっているとまとめることができる[2]。

　この対立するふたつのヘーゲル論は，ヘーゲル理解の根本に関わるものである。私の考えでは，ハーバーマスは周到に論理を組み立てていて，緻密な論理に隙はないのだが，しかし根本的な所で間違っていると言わざるを得ない。

それは自己関係の理解に関わる。労働の論理が、そしてそれは所有の論理でもあるのだが、自己関係の論理であるということは正しい。しかし第一の間違いは、労働の論理のみが自己関係の論理であると考えてしまったことである。そのことは直ちに、以下の第二の間違いにつながって行く。

つまり第二に、ハーバーマスは、自己関係の論理が相互承認の論理と対立すると考えてしまった。しかしこの、相互承認の論理もまた自己関係の論理である。

すでに、初期ヘーゲルにおいて示されたように、そして次の節で『精神現象学』において、より詳しく確認できるが、自己は他者に出会い、そこに自己を見出す。自己は他者を自己だと思う。他者もまた自己を自己だと思う。つまり他者の他者を他者の自己とみなす。自己と他者は相互に他者を自己とみなし、そこからさらに自己に帰って来て、自己を他者の他者とみなし、そうして相互に自己と他者は承認し合って、相互に自己を自己とみなす。ここで自己と他者は相互に承認し合って、自己を自己にするのだから、自己が自己に関係する自己関係と自己が他者から承認され、他者が自己から承認される相互承認は同じものなのである。

一見すると、自己関係と相互承認は、常に同じものである訳ではないように思え、例えば、引き籠りは、自分の世界に閉ざされて、そこには自己関係しかないように思われるかもしれない。しかし良く考えれば、その場合の自己は他者関係を経て成り立っているものではなく、つまりそこに実は自己はなく、他者が他者のままで自己になり得ず、他者が他者のまま、自己との関係が進展せず、そこには実は自己も他者もない。あるいは他者しかいない。そういう世界であろうと思われる。自己関係も相互承認も成り立っていない。そういうことはあり得る。つまり、そういう、病的とは言わないまでも、関係の進展の過程で、途中の段階はあり得るし、またその途中の段階に意図的に留まって、そこで自己主張する場合もあり得よう。

そうすると本来的には、相互承認があれば、そのことで自己関係が同時に成り立ち、また自己関係は、相互承認なしには成り立ち得ない。それは同義であると言うべきである。どちらかを欠き、片方だけで成立することはあり

得ない。

　さらにハーバーマスの第三の間違いは，類個関係，つまり普遍と個別の関係もまた自己関係であるのだが，そのことが不当に低く位置付けられているということである。労働の論理に引き下げられて，それは理解されている。しかしそれは本書で繰り返し示されるように (2-2-3, 2-3-2)，相互承認を経て，しかも相互承認を支えるものである。

　先の『人倫の体系』において，スタート地点の自己は感情にすぎない。『イェーナ体系構想Ⅲ』にも，自己は，抽象的な存在，つまり自発性と知性を持った，まだ自己の可能態にすぎない。その自己が他者との交わりを通じて，自己として生成していく。自己は本質的に，つまりその生成において，他者を必要としている。他者から承認されることによってのみ，自己が成立するのだから，他者からの承認こそが自己関係を作り，また自己関係することで自己が完成し，その自己がまた他者から承認され，他者を承認していく。そうして他者もまた生成する。

　『イェーナ体系構想Ⅲ』と『精神現象学』に明らかなことなのだが，この相互承認と自己関係を経て，つまり個が他の個と関係し，そのことによって，個が個として生成する，まさにそのときに個に普遍性が宿るということが注目されるべきである。その仕組みがヘーゲルによって，語られている。個が個としてではなく，関係性として考えられ，しかしそのことによってまさに個が個になるときに，個はイデアを宿すのである。そこで個は類である。かくして，第二の問題と第三の問題はつながる。

　ハーバーマスまたは，それと意見を共有する研究に対する批判は，事実として，ヘーゲルの著作の中に，承認の論理が残っていることを指摘しているが，なぜ承認ということがヘーゲルにおいて，重要になるのかというところまで考察が及んでいないのではないか。それはまさに承認という関係が，類という普遍を導くからである。ハーバーマスが，承認の論理が自己関係に収斂すると言ったときに，こういうことが考えられていたのならば，彼は正しかったのだが，恐らくそうではない。自他関係と自己関係が同一で，その関係が普遍を作るというヘーゲルの論理に肉薄しているとは思えないからであ

る。また一方でその批判者たちも，ヘーゲルにおいて，承認の論理が重要であるということを指摘するのに留まって，その意義を確認する所まで行っていないように思われる[3]。

第三の問題に関して，次のことが注意されるべきである。自己と他者が同じであるということは，全体主義的に考えられるべきではない。システム論的に考えるべきである。つまり自己と他者は同じ構造をし，かつ同じ要素を共有している。しかも互いに他を自己と同じとみなすことによって，自己を充実させている。しかし，それぞれ自己を発展させれば，それぞれに固有の展開を遂げて，相互に影響は与えつつも，他との差異は明確になる。それぞれの個が発展する。すべてが差異をなくして，ひとつに溶け合うのではない。それぞれが個性を発揮して，なおかつ，そのことによって，それぞれが全体を自己の中に宿す。ここに類個関係の説明が要る。これは次節以降，繰り返し説明される[4]。

ここまで来れば，マルクス理解も容易になる。ヘーゲルの労働，相互承認，類個関係という三つの自己関係の論理は，マルクス理解を容易にする。マルクスの人間観が，労働の考察から始まっているのは，明らかである。そしてその労働の分析が，必然的に，現実的な社会的諸関係の分析に至らせ，さらにその矛盾の解決案を模索して，類個関係の考察に至らせている。それは決して，労働による生産力の上昇がすべてを解決するという単純なものではなく，また現実の社会的諸関係を絶対的に固定したものとも考えない（以上が，3-1 の議論となる）。

補足的に次のことも指摘できる。『イェーナ体系草稿』では，労働は社会的なものであり，社会を作って行くという記述がみられる。「（職業への）この欲望は，共同の労働によって満足される。労働は，個別的なものとしての欲望ではなく，普遍的なものとしての欲望のために行われる。このことを労働によって獲得するものは，これを直ちに消費するのではなく，それは共同の貯蓄となって，万人がこの貯蓄で養われる」(p.212=p.151)。これはすでにヘーゲルがここにおいて，先の自己関係の論理を含んでいて，第一の労働という自己関係は，第二の他者との相互関係という自己関係を，そして第三の，類

個関係という自己関係を導くということが含意されている。

この上で,『精神現象学』の読解に行く。基本的な発想はすでに出ている。それは所有論として読むことが可能であるということである。

ロックの場合にそうだったように,初期ヘーゲルにおいて,後の『法哲学』の所有論の発想と,『精神現象学』の認識の進展の議論とが,渾然と一体化されている。まだ未分化であり,だからこそその発想が分かりやすい。後のヘーゲルにとって重要な論点が,生のまま現れている。ヘーゲル研究がそこに集中する所以である。

しかし重要なのは,体系を作ろうとするヘーゲルであり,その最初の試みである『精神現象学』に,後の『法哲学』に見られる所有論を見出すことで,ヘーゲル全体系を理解することである。さらには体系完成期のヘーゲル,つまり『論理学』のヘーゲルの中にも,所有論を見出すこともできるようになるだろう。

2-1-3 『精神現象学』の所有論

まず見通しを与えておく。『精神現象学』は次のような構成になっている。序で,議論の出発点が主体であることが確認される。これは『法哲学』が,意志から始まるのに対応する。ここで主体というのは,自らの力で自らを作って行く,動的なものであるということである。つまり主体は,最初は抽象的なものだが,自らの力で,自らを具体的なものにと進展させて行くのである。このことが確認される。

そして,最初の3節で,意識という主体と客体との関係が進展する。これも所有論の,主体と物件の関係を思わせる。意識は,感覚,知覚,悟性の三段階を経る。この主体の側の進展は,同時に客体の側の進展でもあり,その関係性も進展する。

次いで,主体は,他者に出会い,そこに自己を確認する。それが自己意識である。自己意識は自らの対象も自立的であることを知る。そして欲求の対象としてあった対象もまた自己意識であることを確信して,自己は満足する。そこで自己は他者とともに生きること,共同体の中で生きることを自覚する。

さらにその共同体の一員である，つまり類たる主体は，世界を自己とみなす。この節での議論はここまでとする。これで充分，所有論としての『精神現象学』の読解ができる。続きは，2-3-3で扱う。

以上の進展の中で，ここでは以下の三点を扱う。

まず，意識の章から自己意識の章にかけて，見て行きたい。今，意識は，感覚，知覚，悟性の三段階を経るとした。またこの主体の側の進展は，同時に客体の側の進展でもあり，その関係性も進展するとした。具体的には，直接的にモノが今，ここに存在し，それを直接知り得るとする感覚としての意識，モノに性質があり，その性質を通じて，その性質の向こうにある普遍性を認識できると考える知覚としての意識と，進展する。

最後の悟性の対象は，彼岸としての本質的世界である。ここで直接的にカント批判がヘーゲルの意図する所である。最初は，カントの言うように，本質と現象は，対立しているように見える。しかし両者が対立している限り，本質は認識不可能な空虚でしかない。本質を認識しようと思えば，すでに認識されている現象を本質の中に持ち込むしかない。ヘーゲルは言う。

内なるもの，あるいは超感覚的な彼岸（つまり本質のこと）は現象から生起していて，つまり彼岸は現象から生じる。現象は彼岸を媒介している。つまり現象こそ彼岸（本質）の本質であり，実際それを充実させる内容である。超感覚的なもの（本質）は，それが真に存在しているかのように考えられた感覚的なものであり，知覚されたもの（現象）である。しかし感覚的なものと知覚されたものとの真なる姿は，現象であるということである。従って，超感覚的なものとは現象としての現象である（p.118=p.144）。

この引用文を考えたい。

ここで1-1-3で取り上げた三項図式を再度考える。これはロックについての図であるが，カントも想定されている。カントの図を先取りする形で，ロックがこのように考えている。

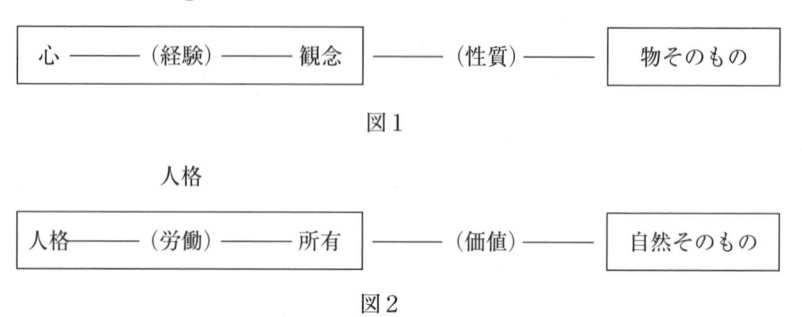

```
              心
         ┌─────────────────────────────────┐      ┌──────────┐
         │ 心 ──（経験）── 観念 │──（性質）──│ 物そのもの │
         └─────────────────────────────────┘      └──────────┘
                       図1

              人格
         ┌─────────────────────────────────┐      ┌──────────┐
         │ 人格──（労働）── 所有 │──（価値）──│自然そのもの│
         └─────────────────────────────────┘      └──────────┘
                       図2
```

　ここで観念を現象と考えれば，カントの図式が得られ，それを感覚世界として，物そのものを超感覚世界と考えれば，このヘーゲルの引用文の図式が得られる。

　その際に，次のように考えたい。図1は，直ちに図2と対応する。図2において，自然そのものと所有は対立しているのではない。対立していたのならば，人格は自然そのものに働き掛けることができず，そこから，所有物を引き出すことができない。自然そのものに働き掛けようと思えば，所有物を通じて，自然そのものに働き掛けるしかない。そうして得られた所有物が自然そのものである。ロックにおいても，ヘーゲルにおいても，最初の所有物は身体である。次いで，道具が所有物である。さらに農作物においては，収穫物の一部を翌年の収穫のための種として使う。かくして，自然そのものを所有しようと思えば，所有物を媒介にして，自然そのものに向かって行き，そこから所有をする。自然そのものの本質は所有である。三項図式の構造は，ヘーゲルにおいて，よりダイナミズムを持っている。というのも，ロックにおいても，カントにおいても，人格のみが，所有を通じて，生成するが，物そのもの，自然そのものは生成しない。しかしヘーゲルにおいては，両者と，その関係が，所有という中項を通じて，併せて生成する。

　さらに考えるべきは，物そのもの，自然そのものに価値があるとみなされたときに，人はそれを所有するのだが，さらに所有したものに磨きをかけて，

その価値を増やそうとする。ここで対象たる所有物は，人格の力量に応じて，その形を変え，人格に対応して，その価値を現す。主客がともに進展するというのが，ここ『精神現象学』の主張である。

　二番目の問題も，この引用文から考えたい。超感覚的世界と感覚世界は，対立しているのではなく，互いに反転し合う関係であった。こういう関係をヘーゲルは矛盾と呼ぶ。対象は，悟性にとって，矛盾する存在である。そしてこの自己自身に矛盾する存在は，生命となる。生命はそれ自身の中で自己運動する生ける統一体である。そして重要なことは，悟性は，その対象である生命の中に，自己を見出す。自己は対象となり，対象は自己となる。他者の中で，自己関係する意識が，自己意識である。かくして，対象に向かう意識は，自己意識となる。

　こんな風に考えられないか。物をまず所有するのだが，その所有物は，自己の労働の成果であり，そこに自己が投影されている。それは自己そのものである。しかも，それを自己の所有物だと主張するためには，他者からの承認が必要である。その対象がその人のものであることを他者の中で認められる。ここで対象は，最初は必ずしも文字通り生命である必要はない。自己が投影できるものであれば，それで良い。そこにおいてまず，モノとしての対象は，先に述べた意識の三段階に合わせて，こちらも三段階を経る。そうしてその三段階目において，対象は，全体性を獲得し，生命となった。この生命の所有こそが，所有の根本ではないのか。

　ロックにおいてもカントにおいても，所有の根本は土地である。それは日本のマルクス主義研究においてもそうであった（3-1）。しかしロックにおいても，最初の所有は身体であり，その身体を維持するためには，栄養物を所有せねばならず，栄養物は，微量の塩や鉄分はあるが，主として生物である。またヘーゲル『法哲学』においても，「有機的なものの形造り」（56節注）として，動物の飼育や植物栽培が挙げられている。それらは順番から言えば，モノの所有，土地所有のあとに来るのだが，しかしより本質的なものになっているのではないか。それをこの『精神現象学』の順番が示していないか。

　『法哲学』所有論の最初は，意志論である。所有したいと欲することが，

所有論の最初であるが，食欲こそがその欲望の本質と言って良い。そして生物を所有したいと思う。生物は，たとえば植物は，自らの力で，土地や水や太陽光を活用して，成長する。それ自体全体性であり，他の客観と自ら関係を持ち，成長する。そういった，価値を自ら増やす全体性を所有することこそ，所有の真理である。

さて，三番目の問題を見るためには，ここからさらに先に進まねばならない。自己意識は次のようなものとなる。つまり自己は，他者関係の中で生きていることを意識することで，類として生きていることを自覚する。そうして自己意識は，自己の欲求の対象を，他の自己意識に求める。「<u>自己意識が満足を得るのは，他の自己意識においてのみである</u>」(p.144=p.181)。

ここで自己意識は，所有の主体であり，かつ対象である。

そうして，実は所有の本質は，他者の所有であるということが重要だ。他者，つまり他の自己意識を所有したいと思うところから社会は出発するのではないか。その所有をどう克服するのかということが，ヘーゲルの社会哲学を作っている。

他者の所有とはどういうことか。例えば，奴隷を考えることもできる。また現代の様々な権力関係や雇用関係で，支配，被支配ということを考えることもできる。愛する人を所有したいという気持ちもあるかもしれない。こういったことが真っ先に考えられるだろう。しかし私が考えているのはそういうことではない。それらは人間関係の疎外態としてはあり得る。人格をモノとして扱えば，そのような所有は可能だ。しかし今までの文脈で考えたときに，人格の所有と言うのはそのようなことを意味していない。

モノを所有し，生物を所有する。その上で，対象が人格に移る。そうしたときに，対象との関係は，すでに所有を超えている。他者の中にこそ，真に自己を見出せる。その関係はもはや所有ではなく，自己意識と自己意識の関係で，互いに相手に自己を見出し，相手から自己であることを承認し合う関係である。それを他者の所有と呼び，しかしそう呼んだ瞬間に，それはもう狭義の所有の関係ではない。

人は他者を所有したいと思うかもしれない。その欲望から，所有論は始ま

る。しかし他者の所有はできず，むしろ他者こそが，自己の所有を認めてくれるものであり，人を自由にするものであり，今度はその他者との相互承認が社会を作る。そのように進むことを，このあとの2-2-2の「推理論」の中で他者の問題として書くのだけれども，ここでも繰り返す必要がある。

そしてまた，次のことも指摘したい。つまり生物の所有において，すでに垣間見えていることは，生物は，完全には所有できず，つまり生命である限り，それは自立していて，完全な使用が困難であること，そうしてそこから所有の限界が現れていることである。言うまでもなく，他者において，そのことはより顕著になる。他者は制御できず，自己を超えて行く。その認識から人は所有を超えて行くのである。

以下のようにまとめることができる。まずモノの所有から始める。しかしそもそもモノにも生物的な側面がある。そこに人格が投影される，そういうモノもある。それが最初の段階である。次に，食べモノとしての生物が来る。これはモノとして消費される。しかしここでこの対象が生物であることが重要である。さらに，人格が投影できる生物，例えばペットなどを考えよう。これは自立している。主体が必ずしも思うようには扱えない。そうして最後に自己意識を持った人格が来る。この四段階で考えると，整理がつく。

そしてこの最後の自己意識という対象も，次のように考えるべきである。まずひとつは，所有の対象は他者であり，その他者が自己意識であることが分かって，主体としての自己も自己意識となる。それと同時に，所有の対象は自己自身である。だからこそ，所有の主体は自己意識なのである。言い換えれば，まず，主体は他者の中に自己を見出し，それは同時に，自己の中に他者を見出すということに他ならない。

以下，引用をすることで，この章のまとめとしたい。

「しかし自己意識の現象（対象）とその真理（対象を持った自己意識）との対立の本質は，その真理，つまり自己意識の自己自身との一体性であり，それが自己意識の本質でなければならない。すなわち自己意識は<u>欲望一般である</u>」（p.139=p.173f.）。

ここで，この欲望という言葉で，栄養摂取がイメージされている。それは所有でもある。次のようにも言い換えられている。
　「すなわち食い尽くされるものが本質である。この普遍者の犠牲の上で自己保存を図り，自己自身との一体性を維持しようとする個体は，そうすることによって，その他者との対立を止揚する」(p.141=p.177)。
　「この単一の自我が類である。…自己意識が自己自身を確信するのは，自己意識に対して，自立した生命として現れる他者を止揚することによってでしかない。つまり自己意識は欲望である」(p.143=p.179f.)。
　「この欲望が満足されるとき，自己意識はその対象が自立的なものであることを経験する。…しかし同時に，自己意識は，絶対的に独立したものであり，このことは対象を止揚することによってのみ，そうである。…対象が本来的に否定であり，その自己否定の中で，同時に自立的であるとき，その対象は意識である。…否定が絶対的なものとしてある，この普遍的な自立した自然は，類そのものであり，自己意識として類である。自己意識が満足を得るのは，他の自己意識においてのみである」(p.143f.=p.180f.)。

　さて以下，2-2では，『論理学』の判断論と推理論との関係を主として扱う。そのために概念論と判断論との関係から始めて，推理論に踏み込んで行く。所有論は判断論の議論であるが，それをどう超えるかがここで議論される。もうひとつ，これらの議論は類個関係の議論でもある。それについても，詳述しなければならない。イデアの臨在がここに関わる。概念の自己分割の議論がなされ，類と個の関係が論じられる。見通しをすれば，モノの所有という狭義の所有から，知的所有へと広義の所有に移ったときに，判断論から，推理論にその論理が移行し，かつそこで，類個関係が明瞭になるだろう。
　このことを確認することが重要なのは，その次の2-3の議論に関わるからだ。本章では，『精神現象学』において，所有の対象が，モノから生物へ，そして他者へと進展したが，他者は精神的存在，つまり知的存在であって，さらに自己意識を持つ存在である。ここで，所有の進展の必然性，すなわち，モノの所有から，知的所有への進展の必然性が，すでに論じられていた。こ

の知的所有の問題が，2-3 の課題である．本章で示唆されていた，知的所有の問題を論理的に論じるために，『論理学』の章が，その前に必要となる．

●注
1) 加藤尚武の論考は，その数少ない例外である（加藤 1999）．
2) 相互承認論の研究の代表的なものとして，（高田 1994, 1997），（滝口 2007a）を挙げる．また，滝口清栄は，ハーバーマスと意見を共有するものとして，(Siep 1979) を挙げ，それを批判する（滝口 2007a, 2007b）．
3) 熊野純彦は，以上の点について，最も鋭い指摘をしている．彼はこの自己関係論から，他者を導出し，他者論を展開する（熊野 2002, 2003）．
4) 私の書いたふたつのヘーゲル論は，関連している（高橋 2001 第 4 章と 5 章）．またそこでは私は，ヘーゲルの論理の根本を自己関係としているが，ハーバーマスが否定的に，そこに相互承認がなくなってしまったと言うのとは違って，当然相互承認が活かされていると考えている点で，まったく異なる．このことは本書で，この後に論じられる (2-3-2)．なお，高橋同書の第 3 章ではフィヒテについて論じている．ここで，自己から他者を導出する議論に関わっている．同様の指摘は，高田純にもある（高田 1997）．

2-2 『論理学』の所有論

　ヘーゲル『論理学』を読んで行く。すでに，2-1で，『法哲学』，初期ヘーゲル，『精神現象学』と読んで来ており，ヘーゲルの発想はそれらの中で，すべて出尽くしている。それは目的論に現れている。それは第一に所有を説明するものでもあり，もっと一般的に，主観と客観の関係を解明する論理であるが，主観の対象が他者になり，そしてその他者は，総体として社会であり，それはつまり私たちであって，その私たちが新たな対象になれば，そこに現れるのは，類個関係という自己関係の論理である。それはカントにおいて，控えめに現れていたものであったが，今やヘーゲルの論理の核心となり，さらに私たちが，情報化社会の中で様々な問題を考える際のヒントを与えるものである。

2-2-1　中項としての身体

　ヘーゲル『論理学』（以下『大論理学』を指す）第三巻概念論を読んで行く。また必要に応じて，「小論理学」（『エンチュクロペディー』第一巻）も参照する。

　『論理学』はカテゴリーの進展を扱う。物事がどのように生成発展し，またそのことがどのように認識されるのかを抽象的に考察した書物である。私はそれらのカテゴリーを，具体的に所有に即して確認し，ヘーゲルの考察を追いかけたい。

　最初は，第二編客観，第三章目的論である。ここでは主体が目的を持ち，客体に働き掛けて，目的を果たす。その構造が説明される。すでに前章までに，『法哲学』，初期ヘーゲル，『精神現象学』を引用し，その所有論を検討したが，本章ではさらにその論理構造に踏み込んで議論したいと思う。このヘーゲル『論理学』の主観客観関係論は所有をも説明する論理なのか。または所有論とどのような関係になっているのか。

　主体が何か客体に働き掛けたいという目的を持つ。この主観の持つ目的が

自己を実現するためには，つまり主体は客体に働き掛けるためには，そこに何らかの手段が必要となる。

「目的は手段を通じて客体と連結し，この客体の中で自分自身と結合する。手段（Mittel）は推論の中項（Mitte）である。目的は有限なものであるので，その実現にはある手段を必要とする」（『論理学』p.448）。

目的は主観的なもので，それが客体に働き掛けるには，客体の世界に属する手段が必要である。目的はまず手段を自己のものとして所有し，それを支配する。ここでその最初の手段は身体である。

「生命ある者は身体を持っている。心は身体を自己のものとし，その内に自己を直接に客体化している。人間の心は，その身体を手段とするために，たくさんのことをしなければならない。人間はその身体を魂の道具とするために，いわば，まずそれを占有取得しなければならない」（「小論理学」208節補遺）。

『論理学』では直接に身体という言葉は使われていない。ここでヘーゲルが手段として論じているものが，身体なのだということを論証するために，「小論理学」の，しかも補遺を持ち出すのは説得力に欠けるかもしれない。「小論理学」はあまりに簡潔化されているし，補遺はそもそもヘーゲルの書いたものではなく，弟子が書き取ったノートに過ぎない。しかし，この箇所は実に良く，ヘーゲルの意図を説明しているし，先の『論理学』の記述をこの観点で読み直せば，実にそれは説得的な論点となる。

「この<u>外へと向かった活動は</u>，主観的な目的の中では，内容と並んで<u>外界の客観性</u>をも含みこんでいる特殊と同一の<u>個別</u>であり，それは，その客体と<u>直接的</u>に関係し，それを自己の手段として，自己のものとする」（208節）。この「客体」がまさしく身体である。

主観的な目的は，まず身体を使い，その身体はさらに別の手段を使って，客体に働き掛ける。身体と他の手段はともに客体だが，ヘーゲルは身体を最初の手段と考え，他の手段をその身体の延長上にあるものと考えている。ヘーゲルは『法哲学』の所有論のところで，こんなことも言っている。

「しかし人格としての私は同時に，<u>私の生命と身体を</u>，また他の様々な物

件をも，それらを所有することが私の意志である限りでのみ，所有する」(47節)。

「私の有機的身体を様々な熟練にまで仕上げること，及び私の精神を陶冶することも，(身体や精神を) 多かれ少なかれ完全に占有取得すること，(私の意志を) 貫通することである。精神こそは私が最も完全に自分のものにし得るものである」(52節注)。

精神はまず精神を自分のものとし，次に身体を自分のものにする。それから精神は身体を使って，客体としての自然に働き掛け，それを自分のものにする，というのである。さらにヘーゲルは言う。

「身体は精神の意志ある器官となり，活気ある手段となるためには，まず精神によって占有取得されねばならない」(48節)。

55節の補遺にはこんな記述もある (これも『法哲学』の補遺であり，つまりは弟子のノートに過ぎないのだが)。「私は手によって占有取得を行うが，手の届く範囲は拡大され得る。手はどんな動物にもない，このような偉大な器官であって，私が手でつかむものは，それ自体，それでもって私がさらにもっとつかむことのできる手段となる」。

ここでは，身体を所有する，ということからさらに，身体は手段＝中項であり，その手段＝中項が客体に働き掛けるために重要である，ということを確認する。この論理はすでに所有論を超えている。『法哲学』第一部第一章は所有論で，そこで身体は所有され，さらに身体は物件を所有するための手段であることが言われるが，『論理学』目的論では手段＝中項は単に所有のためだけでなく，もっと一般化されて，主観客観関係全般が考えられている。そのことについて，つまりこの手段＝中項としての身体について，さらに考えを進めたい。ヘーゲルの引用はこのくらいにして，以下は私の言葉でまとめたい。

身体とは何か。それは主体であると同時に客体でもある。身体は最初に自己が所有するものだ。つまりそれは最初の客体だ。そして人は身体という客体を使って，客体に接する。人は身体を通じてしか客体と触れることはできない。つまり身体は自己にとって最初の客体であり，そしてその客体を主体

化して，その主体としての身体を通じて，客体と接触する。

　こう言っても良いだろう。身体は客体を誘発する。人は身体を通じてしか客体に触れることができないのだが，さらにそれだけでなく，客体から私を見た場合，私の身体が最初に客体にとって，私そのものである。客体は私の身体を私だと思い，その私の身体と接触をする。私の身体は客体を誘発するのである。

　この客体は他者と言い換えても良い。ヘーゲルは，前章で確認したように，客体ということで，まず物理的な自然としてのモノを考え，また生物を，そして他の自己意識を考えている。物理的な自然も生物も，主体から独立し，主体にとって他者として現われる。つまり客体は他者である。

　さらに次のように言っても良いだろう。人は身体を通じて他者と接するのだが，同時にその身体は私にとって最初の他者でもある。それは必ずしも自己の言う通りになるものではなく，それ自体自立し，そして人は上手に自己の身体と付き合わねばならない。つまり人は身体を所有するが，しかし所有したと思った瞬間，それは裏切られる。身体はしばしば人の意志にそむき，自ら自立していることを示す。つまりそれは主体とは独立した客体なのである。

　同時にまたその他者である自己の身体は他者にとっては自己そのものである。人は身体を通じてしか，他者と付き合うことはできない。目で見，口，のど，耳を使って，言葉を交わし，握手をし，抱擁する。身体は私にとって，最初の他者で，それを通じて人は他者と接し，そして他者は私の身体を私そのものだと思う。つまり身体は自己である。そして再び言えば，この自己である身体は他者を誘発する。

　また次のことも付け加えられる。身体は人が他者と何らかの関係を結ぶことを保証する。身体が最初の他者で，人はそれを自己とすることで，他者と付き合うのだが，そもそも人が他者と付き合うことができることを，その人の身体が保証している。人は身体を持っているがゆえに，他者と関係を結ぶことができるのである。

　かくして身体を通じて，主客が結び付けられる。この身体には，中項とし

ての特徴が余すところなく示されている。まさしく身体は中項であるのだが，この節の最後に再びヘーゲルに戻って，とりわけ先に引用した「小論理学」208節に戻って，中項一般について整理し，本稿の目的である所有論につなげたい。

中項という考え方は，すでに，初期ヘーゲルに見られた。第二章で三つほど挙げられた中項の具体例の中で，すなわち，子ども，道具，言語という中項の中で，ここに直接的に関わるのは，道具である。それはまさに労働論において，主体と客体を結ぶ中項として考えられている。この議論は，『論理学』で詳細に扱われる。またそれを簡略化した「小論理学」において，この間の議論はより詳細である[1]。

先に，手段は中項であると言い，そして，身体を最初の手段と考え，また手段を身体の延長上にあるものと考えた。ヘーゲルは，中項は，活動と手段とに分裂すると言って，次のような整理を与える。

主体は目的を持ち，身体という手段を使って，活動し，客体に関わる。まず主体は，身体を自分の物とし，つまり主体化し，それで客体に関わって活動をし，さらにはその客体を手段にして，次の客体に向かう。こうして，次々と対象に関わって行く（以上「小論理学」208節のまとめ）。

このことを所有論に即してみると，理解は容易である。主体は中項を所有し，所有した中項は，主体の一部となる。中項は客体に向かって，それを新たな中項にする。主体は，そうしてできた新たな中項を所有し，中項は新たな客体を中項化する。かくして中項が充実し，そのことを通じて主体も充実する。つまりこの「目的論」は明らかに所有論でもある。また，すでに初期に見られた発想が，ここで完成する。

2-2-2 判断論から推理論へ

先の節で解明した目的論には，推理論の論理が縦横に使われていて，今私は，その論理は所有論のそれであると言った。しかし果たしてそれが本当に所有の論理であるのか，そのことを確認するためには，その前に，判断論の説明をする必要がある。ここでは，ヘーゲル『論理学』第三部概念論全体に

ついて説明し，判断論から，推理論への移行を整理する。

　ヘーゲル『論理学』概念論は，主観性，客観性，理念から成り立っている。主観性は，概念，判断，推理から成り立つ。概念論において，概念が自己分割して，普遍，特殊，個別になり，それらが判断論では，主語－述語関係として結ばれる。しかし判断論においては，まだその結び付きは不十分で，その結び付きが，根拠を持ったものとして十全になるのが，推理論の段階なのである。

　次の客観論において，客観はすべて推理論的な連結からできていることが確認される。客観性は，機械観，化学観，目的観に分かれ，それぞれ推理論的連結が深まる。つまりその最後の目的論は，これについて今まで議論してきたのだが，最も推理論的である。そうして主客が完全に合一して，理念に至る。

　ヘーゲルは，概念論全体が推理論であるとも言っている。そうして存在論，本質論，概念論と発展する論理学全体の中では，この概念論が一番重要で，またその概念論が推理論的なのだから，従って，ヘーゲルによれば，推理論が論理学の中で一番大事なのである。もちろん，ヘーゲルがそう言っているから，ということで，私たち自身もまた推理論を重要なものとみなす必要は必ずしもないのだが，しかし私は本書全体でその重要性を示したいと思う。

　さて，実は，所有そのものは推理論ではなく，判断論の論理である。主体と客体は所有において結び付くが，その根拠はまだ十分ではない。そのことはヘーゲルが自ら，『法哲学』の中で明言している。所有は一応は推理論的ではあるのだが，まだその論理はきわめて不十分である。それはまだ判断論の段階である。そうヘーゲルは考えている。53節において，ヘーゲルは所有論全体の見通しを与え，占有取得，使用，譲渡という所有の三段階がそれぞれ，物件に関する意思の肯定的判断，否定的判断，無限判断であると言っている。これについて簡単に説明したい。

　「この物件は私の所有物である」という判断は肯定的判断である。しかしその物件を使用し切ってしまい，その物件がなくなってしまえば，この物件は私のものではなくなる。その物件は私の欲求に奉仕し，その物件と私との

関係は否定的なものとなる。これが否定的判断である。そして私が私の意志を置き入れた物件を私が譲渡すれば、私の意志は再び私の意志の元に戻り、その物件からは引き離される。ここでふたつの判断が得られる。「私の意志は私の意志である」という肯定的な無限判断と、「私の意志はその物件ではない」という否定的無限判断がそれである。こうした判断が生じるのは、実は私が真にその物件を所有していた証拠であって、それこそが所有の真理であるとヘーゲルは言う。

さらにヘーゲルのおもしろい所は、「不法」の章でも、この判断論の論理で説明をして行くことである。このことから、ヘーゲル論理学が、客観的かつ社会的な意義付けを持っていることが示される（例えば（小坂田）では、否定的判断と否定的無限判断を区別するメルクマールが、民法と刑法を適用する際の区別のメルクマールであることが示されている）。

主体と客体が、つまりここでは意志と物件とが、様々な形で互いに一致させようとするのが判断論であり、それが所有である。従って、推理論的所有論というのは矛盾している。主客関係が推理論に進むためには、所有論を超えなければならない。

判断論は所有を正当化する論理である。つまり主体と客体は一応はつながっている。しかし中項も他者もまだ充実していない。私はこのペンを持っている。私はこのペンの所有者である。私はこのペンを正当に所有することで、そしてこのペンを使って仕事をし、それによって私の自由は始まるかもしれないが、しかしこれはまだ私の自由の始まりに過ぎない。判断論は人の自由を保証するものだが、しかし最初の自由に過ぎない。人はより自由になるためには、推理の長い道のりを必要とする。最初に身体が主体と客体の中項としてあり、その上で、他者、客体が主体にとって重要な意味を持つことが認識され、その上であらためて主体の客体への働き掛けがあり、客体の主体への関わりもあって、主客が統一される。それが自由である。

『論理学』の判断論の終りを引用する。「しかし（事物の）規定性は、この普遍性の中で、自分に折れ返って反照するものであるが、しかし同時に他者へも反照する。従って、判断は、主語（Subjekt）の性格の中に、その根拠を持ち、

その限りで必然的である。かくして今や規定された，充実した繋辞（Kopula）が出現する」(p.350)。こうして判断は推理に進む[2]。

2-2-3　推理論から理念論へ

　さらに先に行かねばならない。先の節までの説明で得られることのひとつは，中項の充実によって，判断の論理が推理の論理となったということである。もうひとつの観点は，主体も客体も，ともに自立しているのではなく，相互に依存し合う関係にあり，相互に相手の中に自己を見出し，従って，それは自己関係であり，互いに承認し合うことによって，ともに自ら普遍的，総合的な存在となる。

　ヘーゲルは，判断論においても，推理論においても，伝統的な論理学の用法をひとつひとつ検討しているが[3]，しかし結論は自明である。結局，推理論の運動は主体─中項─客体の媒介作用であり，また同時にその媒介の止揚である。媒介は止揚されると，新たな直接性，つまり存在が生まれる。これが客観である。

　その後，客観は，先の2-2-1節で取り扱った目的論，これは推理論的構造をしているのだが，それを経て，理念となる。「小論理学」212節の補遺の説明は，いかにもヘーゲルらしい。主観的な目的は客観世界の中で実現されるが，それは本来，客観世界の中に主観的概念があり，それが主観の客観世界での目的実現を通じて，現れたにすぎない。目的は常に実現されている。それが実現されていないという錯覚を止揚することこそが必要だと。

　さて，そこで生じる問題は，この論理が，本書で扱う所有の論理とどう関わるかということである。すでに何度も書いているように，この論理は所有のそれを超えている。しかしそれは，所有論の帰結でもある。その説明をしなければならない。

　すでに自己＝他者である。あるいは，自己＝中項＝他者である。私たちは，この結論に，ヘーゲルに従って進む前に，再度，それを所有の論理に従って，同じ結論を導く必要がある。

　まず，所有のそれぞれの段階に他者が入り込んでいることを示したい。具

体的には次のようになる。まず身体が他者を引き寄せることは，2-2-1で書いている。従って，その身体を所有するということは，他者との関係をも所有する，ということである。ここに必然的に他者が，そしてその総体としての社会が想定されている。

次いで，労働が，身体を使う以上，これもまた必然的に他者関係を含み，つまり現実的には社会の中での仕事は分業であることが導かれる。人がひとりで生きている訳ではない以上，労働はすべて分業である。

そして最後に，労働生産物が，社会の中で価値を持ち，またその所有は，必然的に社会の中で承認が要求されることが確認される。労働し，その後に，生産物の所有が社会の中で認められるというのではなく，労働の前に，またその中に，すでに他者との関わりがあり，そのことがその生産物の中に含まれていて，従ってその生産物の所有にあたっては，社会の中にあるという観点が重要な契機となっている。

つまり所有という概念の中には常に他者が入っているのである。所有という人とモノの関係の中に，本質的に人と人の関係が入っている。そのことは『法哲学』所有論でも，明示的に書かれていたが，ここ『論理学』では，中項＝手段の重要性から，そのことが主題的に扱われた。

ここでは，さらに，そうして手段＝中項としての身体によって，誘い出された客体としての他者が育って行くということを見て行きたい。主体と客体とは手段＝中項を通じて，連結するのだが，両者が連結されるためには，両者がそれぞれ充実し，かつそれぞれを手段＝中項を通じて充実させねばならない。この場合の客体は，まず私の周りにいる他者であり，その総体としての社会であり，そして社会化されている自然であり，そして主体によって客体化された生産物である。それらの充実とはどういうことか。以下に考えたい。他者は所有を正当化するだけではない。また主体だけが成長するのでもない。主体と他者とは，中項を挟んで，動的な関係にある。

ここで，他者の所有ということを再度考えたい。すでに，ヘーゲルの目的論は推理論であり，それは手段の重要性を打ち出していた。さらに，手段としての身体は他者を呼び起こすと私は言った。ここでは，その呼び起こされ

た他者は所有できるのかということを考えることによって，所有の論理を反省してみたい。ここで考えねばならないのは，所有の論理の中にすでに他者が入っているということである。つまり他者が認めないと所有はできない。すると他者の所有は他者によって認められるのかという問題設定ができる。

　ここでも結論は同じである。繰り返せば，人は他者を所有したいと思う。そうして他者に働き掛ける。さらにまた人は他者を所有したと思う瞬間があるかもしれない。しかし他者は自立していて，人の所有から逃げてしまう。そして実はだからこそ，他者が自立しているからこそ，自己が成立する。つまり，他者もまた他者から見れば自己であり，一方，自己は他者の他者である。人は他者から他者の他者である，と認めてもらうことによって，自己であることが認められる。人は他者を所有できず，むしろ他者は自己を成立させるものである。そのことによって，人は自己を確立し，自由になる。

　どのように承認されるのか。実はそれが『法哲学』全体の構造が説明している。2-1-1節の議論を復習しておく。所有が最初である。『法哲学』は所有論から始まる。そして所有は必然的に他者を要求する。他者は結局のところ所有できず，しかしかえって自己を成立させる。人倫の体系全体が，つまり家族，市民社会，国家，世界史という体系全体が自己を成立させ，その中で人は自由を獲得する。所有から始まり，さらに自由がより展開されるために，所有を超えて行く。以上が，『法哲学』の要約である。

　この議論と，前章の『精神現象学』の議論を，つなげることができる。2-1-3節で，意識は，感覚的確信，知覚，悟性と進展し，それに合わせて，意識の対象もまた，直接的な定在である「このもの」から，モノとその性質へ，さらにはその両者を統一した力という普遍性に変化した。その「力」は，感覚的な此岸と超感覚的な彼岸とに分裂する。するとここに最初の三項図式が誕生する。すなわち悟性，現象，超感覚世界という三項であり，これが所有論の三項図式であることはすでに説明した通りである。これをここでは推理論的構造と言い換えることができる。

　さて，この現象と超感覚世界は，互いに反転し合う。これが矛盾であり，この矛盾する存在は，まずは生命であり，さらに相互に自己関係することで，

これは自己意識となった。

ここで対象は、モノから自己意識、つまり他者となる。他者がここで導出され、さらにここでは所有の正当化を超えて、他者に向かいあうことの正当化も示されている。

さらにこれら『法哲学』と『精神現象学』の他者論を、『論理学』の中で確認しなければならない。この際に決定的に重要なのは、中項を通じて他者が充実し、その他者が再び中項を通じて、主体を充実させるという仕組みである。これが推理論的連結である。主客は中項を通じて、互いに結び付くだけでなく、中項を通じて、互いに自立し、自分を充実させ、かつ中項をも充実させて、互いに影響し合う。そういう関係になっている。ここで客観は最初は自然である。それは所有の対象となる。しかし、推理的関係を通じて、対象は発達する。そして主体が、そこに自己を見出せるものにまで生成する。そうして、主客が結合する。

「推理論は媒介である」とヘーゲルは繰り返し言う（例えば、『大論理学』p.401）。しかしその推理論の運動は同時にその媒介の止揚である。推理論の運動の中で、両項は互いに関係しあって、他者の媒介によって成立するのであるが、しかしさらにその運動は両項の自立を促す（同）。客観は、自然から、他者へ、さらには、社会へと進展する。そしてなお、客観は進展し、同時に主体も進展する。推理論は、ここで諸個人と社会という対概念で考えた場合、諸個人にとって他者たる社会的諸関係を育てるが、社会的諸関係もまた諸個人の成長を促す。そうして両者は自立する（黒崎）。両者の関係は従って所有ではないのだが、所有の真理である。そしてさらにその論理は両者のつながりを強調し、その結び付きを、またそこから得られる自由の確認をして行く。

私はこれを、イデアの問題と捉える。すでに示したように (2-1-2)、類個関係という自己関係が確認されると、その関係にイデアが宿る。ヘーゲルは、それを理念と呼ぶのである。ここでイデアは所有されると言っても良い。それはすでにロックが栄養物を所有して、身体の一部とし、従って自己の一部とすると言い、また同じく財産と知識を所有して、自己を作ると言ったとき

に考えられていたことだ。

　さて，次の章に移る前に，ここで次のようなまとめをする。所有は判断論の論理であり，そこで正当化された。それは必然的に推理論に移行し，理念に行き着く。以下の章で扱う。そして，ヘーゲル所有論が必然的に辿り着く所である知的所有論は，推理論的である。それは所有であって，所有を超えている。正確に言えば，モノの所有が狭義の所有であるが，知的所有は広義の所有と言うべきであり，それは所有に他ならないが，しかし所有の論理を超え，他者との関係や，類と個の関係への考察の道を開く。ヘーゲルはあくまでモノの所有を中心に所有を考え，それを社会構築の基盤においたが，私たちは，さらに知的所有を考えることで，より一層明確に，社会構築の基礎を作ることができるはずであり，さらに情報化社会の基礎を適切に考察し得るであろう。

●注
1）「小論理学」の方が，『論理学』よりも，身体については，記述が明確である。（牧野紀之）を参照せよ。
2）ここでヘーゲルは，論理学の伝統に従って，主語―繋辞―述語という関係を考えている。それを私は主体―中項―客体と読み直す。それは推理論の次が，客観論であり，さらにその後は理念論となって，そこで主体と客体の統一が論じられることから，その読み直しの可能なことは明らかである。またヘーゲルの最終的な帰結が，存在と認識の統一である以上，ヘーゲルを，存在論的かつ認識論的に読み込むことは正当である。
3）推理論についての研究は比較的少ない。それは判断論の研究に比べても，そう言うことができる。さらに，先にも書いたように，存在論的に読むのか，認識論的に読むのか，マルクス主義の立場で読むのか，キリスト教の解釈として読むのか，ヘーゲル研究は，立場が異なると一般に相互の対話は行われず，研究の蓄積が難しい（赤石）。その中で役に立ったのは，（竹村）である。

2-3 ヘーゲルの知的所有論

　知的所有はまさしく所有である。それは今まで論じてきた所有の概念に合致する。さらに所有を巡る諸々の問題をそれはより明確にする。つまりヘーゲルに倣って言えば，所有の真理が知的所有であると言って良い。所有は主体と客体を直接的に結ぶ。その場合の客体というのは，他者であり，またそれは私たちでもある。そうして主体も，またその対象である私たちも，所有によって自らの価値を増やすことができる。

　それは私たちの作ったものを私が私の頭の中に所有することだから，類個関係である。類個関係は，分裂の段階から，統一の段階へ進み，ヘーゲルの場合も，カントと同じく，その最終段階は，平和への展望に至る。そのことを解明したい。

2-3-1　知的所有の諸概念

　この節では次のふたつのことを説明する。すでに所有の諸概念については，明らかになっている。最初の段階が，労働と承認という始原的定義であり，次いで，使用という現実的な定義があり，最後に交換，譲渡，売買という，一見パラドクシカルであるが，しかし所有の本質を言い表す定義がある。それぞれが，所有の特徴を説明している。これらの諸概念がすべて，知的所有にも当てはまる。このことを説明する。

　もうひとつは，ヘーゲル『法哲学』で，明示的に知的所有について触れられている個所がある。それをもう一度読解したい。

　前者について，詳細に説明する。知的財産を獲得するためには，人は労働しなければならない。それは場合によっては，苦痛を伴うかもしれない。例えば英単語ひとつ覚えるのに，私たちは，ずいぶんと苦労する。その苦労がなければ，知識は身に付かない。

　脳が最初の所有物であり，脳という中項を使って，人は労働をし，その産

物を所有する．その構造は，身体を使って，労働し，その産物の所有をするのと変わらない．

そしてまた，それは，個体によって獲得されるということが確認される．個々人の脳によってしか，所有は行われない．知的所有は本質的に私的所有である．

また，どの程度，知識を持っているか，それを運用できるかは，社会的に様々な仕方で評価される．一般に試験は，受験生を選抜するために行われるが，その選抜は，多くの場合，どの程度知的財産があるかを測ることによって行われる．社会は諸個人の持つ知的所有の度合いについて，それを計測する様々な指標を持っている．

また知識は使用しなければ，意味がない．使えない知識は無用である．また知識は常に使っていないと，忘れてしまう．使用の中に所有が確認され，それを離れては所有できない．

またここは，知的所有の特殊性であるが，知識を使用すればするほど，その知識は確実で有効なものになり，つまり所有は増える．使用すれば擦り減って，その価値がなくなってしまうモノとは異なる．ここで，所有における使用の意義が，モノの所有よりも，知的所有において，一層重要になっていると指摘することができる．

最後に，知識は交換・譲渡・売買ができる．私たち教師はそれを生業にしている．教師に限らず，サーヴィス産業が中心の時代において，それは必然的に情報化社会であるのだが，そこにおいては，知識を売買することで，多くの人々は生計を立てる．それが主たる産業となっている．

しかも実際に，人に知識を教えてみれば明らかなように，知識は人に交換・譲渡・売買することで，一層豊かになる．教師が生徒に教えることにより，一番その物事の理解が深まるのは，実は教師なのである．人に教えることによって，単にその物事の概念が分かるだけでなく，どのようにして，その概念が頭の中に吸収されて行くのか，その仕組みも分かるようになる．概念の生成史を理解することは，概念そのものをより深く理解するのに資する．

ここでさらに，モノの所有よりも，知的所有においては，一層この，交換・

譲渡・売買という概念が重要であることが指摘できる。

以上，知的所有は紛れもなく，所有である。

後者については以下の通りである。

ヘーゲルは『法哲学』の中で，直接著作権に触れている。ヘーゲルはまず，著作は社会の中で，鑑賞され，解釈され，新しい書物を書くことに利用されることによって，「無主になる」と論じている（64節注）。無主とはここでは，すなわち，公共の所有と取って良い。つまりまず，知的所有物は，共有財産だというのである。

しかし同時に，著作者個人の知的財産権を守ることも重要だと言っている。68節と69節の要点は次のようにまとめることができる。書物をコピーしたり，印刷したりすることは容易である。著作家は，一冊の本を書くことにより，その本を所有しているのみならず，この印刷，コピーという，普遍的な方式をも所有していると見なすべきである。本を読むために，本を購入したものは，それを占有し，使用し，譲渡する権利を持つが，その本を印刷，コピーして，新たな富を作り出す権利までは持っておらず，その権利は著作家のもとにあると解釈すべきである。従って，著作家の著作権を守ることは，国家の仕事である。

もっとも，著作というのは，そもそも他の著作を基に書くものであり，どの程度，前の作品に手を加えたら，新たな創作となって，自己のものと見なせるのか，その基準を決めるのは難しく，従って，剽窃は法の問題ではなく，これは名誉の問題である。以上のように，ヘーゲルは言う。

ここにすでに，知的所有についての本質的な事柄が考察されている。作家は本を書くことにより，その本についての知的所有権を持つ。しかし同時に，読者は，その本を本屋で買ったり，図書館で借りたりして，読むことにより，もしその本の内容を理解すれば，それについての知識を所有することになる。読者の読書という労働を経て，読者がその作品の内容を理解してくれない限り，つまり読者がその本の内容を所有してくれない限り，作家の所有権は価値を持たない。つまり他者が所有してくれない限り，自己の所有物の価値は発生しない。そのように，本質的に，この所有には他者が必要である。

つまりこういうことである。著作権の場合，著作権を持つ人と，それを使用する人は別の人である。本を書いた人は，本を読む人がいなければ，その価値は認められない。著作権の場合は，本来的に他者が必要で，他者によってその本の著者であると認められなければ，著作権の意味がない。著作権は私的所有であり，それは正当に評価されなければならないが，しかし本来的に読者の存在によって，それが認められている。読者がその本から得るものがなければ，その著者もまた報われない。従って読者の一層の利益を図ることが，もし著作権所有者の利益を損なうものでないのならば，促進されるべきである。そのことによって，著者は一層評価されるであろう。

これは，以下の節で説明されるように，そもそも個人の生成の問題に直結する。個人の意志を物件に入れることが所有であるのだが，それは個人と物件の関係に留まらず，本来的に他者がそこに必要となる。そもそもヘーゲルの個人は，社会との関係において決定されるものである。社会的諸関係が個人に収束し，個人化が完成し，そしてその個人は，例えば著作活動によって，社会の中に新たな価値を生み出し，再び，社会の中に入って行く。そういう構造をしている。著作権はそういう視点で考えるべきである。

さて，これでこの節を終える。私たちはすでに，物の所有においても，その所有権が認められるためには，そこに承認が必要であり，また個人が生成するためには，そこに不可避的に他者が要請されることを確認しているが，知的所有においては，そのことはより明瞭である。そもそも知識とは，他者との関係性から発生する。物について，言語を媒介した他者との了解，及び他者を対象にした了解の総体が知識である。

2-3-2 知的所有の諸特徴

以下の三点は，前章 (2-2) の『論理学』分析から得られたものである。

今までの議論から帰結される所有の特徴は，第一に所有物が中項であるということである。中項は，主体と対象を結ぶという意味である。一般的な財の場合，意志という精神的なものと，自然という物質的なものとを，身体という中項が結ぶ。そしてさらに，そうしてできあがった所有物が，次の所有

のための中項となる。それは精神的なものと物質的なものとの橋渡しをするものである。ところが，知的所有の場合は，これが，意志という精神的なものと，同じく精神的な対象とを直接結ぶ。そのことから生じる問題については，次節で述べる。ここでは，知的所有もひとつの所有であるという，前節の結論の確認をする。さらにこの場合は，直接的に，主体という精神的なものと対象となる精神的なものとを，所有が結んでおり，主体と他者との結びつきという役割は明瞭である。つまり，モノの所有の場合，それはしばしば主体とモノとの関係であるかのように誤解をされ，そしてこれが誤解であることは，今まで十二分に説明してきたのだが，知的所有の場合は，その種の誤解が生まれる余地はないだろう。

　第二は，この他者の問題である。知的所有をする場合，他者との関わりは不可避である。本を読む場合は，著者との対話があるし，教師から教わる場合も，教師との相互交流がそこにはある。そうやって，知識は脳に蓄えられる。また所有物は使用しなければならず，そこにも他者は不可避的に関わる。自ら本を書いたり，人に教えてこそ，知識は役立つ。そうして，人に教えたり，本を書くということは，知識を人に譲渡するということである。ここでは，その行為は，読者や生徒の存在があって，初めて成立するものである。読者や生徒が評価してくれなかったら，その行為は成り立たない。さらにまた，本を書いたり，教えたりすることで，社会全体の教養を高めることに貢献している。そういうことが，知的所有においては，一般の所有よりも明らかである。

　つまり，所有を論じる際に，また自己を論じる際にも，そこに他者が不可避的に関わるという指摘をするだけでなく，自己が他者に影響を与え，他者を作って行く，また他者の総体としての社会を形成しているということが明らかになる。これが重要である。

　第三の問題は，人格の問題である。知的所有をすることで，その所有者の人格は豊かになる。たくさんの知的財産を適切に使用すれば，その人は人格者だということになるし，著作権保持者の人格も尊敬されるべきである。

　ロックが所有といった場合に，念頭においていたのは，一定の土地を所有

しているブルジョアジーである。ある程度の財産を持って初めて、人格者として社会に認められるという考えがそこにはある。残念ながら、私たちの時代に、財産を持っているだけで、人から尊敬されることは少ないが、知的財産なら、まだ尊敬を得るのが容易だろう。それは本質的に、所有が人格に関わり、かつそれが、第一と第二の論点、つまり他者に関わるからである。分かり易く言えば、知識は他人のためにあるし、人格者とは自分の財産を人のために使う人のことを言うからである。

　ここにおいて、知的所有が自己を作るという観点が明瞭になる。物質的財産であっても、本来はそうであるけれども、知的財産の方が分かりやすい。そのことは繰り返し指摘されるべきであろう。

　以上、三点で、所有の持つ根本的な性格がより明確になる。このことは次節以降でさらに考察されるが、とりあえず、ここでは、本来所有一般が持っている性質が、知的所有において、より一層明瞭になったと考えるべきである。それに対して、以下では、知的所有ならではの特徴が考察される。

　第一の特徴は、以下の通りである。知的所有物は、中項であるが、精神としての主体と精神としての客体を直接的に結ぶ、自らも精神的な中項である。それは所有物がそうであるように、主体と客体の両方に関わる。ここで知的所有の場合、客体は、その知識を共有する他者、及びその総体である共同体である。そうすると、知的所有物は、主体の私的財産であると同時に、それを共有する共同体の共有財産であることが分かる。それは知識を共有するメンバーの数が増えても減ることはなく、むしろ逆に増える。物理学の専門知識を有する知的共同体は、そのメンバー間で、競争して知識を増やすことによって、各々の持つ財産は増え、全体としても一層増えるはずである。あるいは、知識は、人に教えることで、一層自分の理解が深まり、知識はより確実なものになる。教師は何よりもそのことを自覚しているはずである。所有は本来的に私的所有であるという根本的な特徴は確認した上で、しかし知的所有であれば、それは同時に共同所有である。

　さらに、知的財産は、通常の財産と異なって、排他的でないために、人に与えることによって、一層自らの財産が増えるという特性を持つ。また、原

則として,誰に対しても,開かれている。本来的には知的共産主義が,つまり,万人の発展と個人の発展が矛盾しない世界がここに訪れるはずである。現実的にはきわめて困難であるが[1)]。

　第二の特徴も,この,共有が同時に私的所有であるということに関わる。知的財産は,基本的には,個々人がそれぞれ努力して習得するしか他に,習得の仕様がないのだが,同時に,ある集団が共有する知的財産の総体が重要になって来る。

　ヘーゲルは,しばしば教養(Bildung)という言葉を使う。『法哲学』「市民社会論」で,市民の持つ諸々の欲求を普遍的なものに高めるのは教養であると言う(187節)。また「司法活動」では,法を具体的に運用するには,やはり教養が必要だとされる(209節)。そうして市民は,それぞれの職業を通じて,教養を高め(252節),教養を持った国民の総体が,まさしく国家に他ならない。「国家の実体性は教養の形式を通過した所のものとして,自らを知り,かつ意志する精神である」(270節)。その国の法体系は,基本的には,国民の教養の総体に依存する。カントもまた,『永遠平和のために』において,一国の文化,民主主義の度合いについて論じている。それが平和に向かわせる。また私たちは今日,social capitalという名で,ある共同体の持っている知的財産の総体を,その共同体の,政治参加の度合いを測る(Putnam)。これらは,知的財産が,個人によってしか担われないのだが,重要なのはしかし,ある共同体の持っている知的財産の総体であるということを示している。

　第三の問題は,第二の問題と逆に,知的財産が共同体の共有財産でありつつも,結局は,個人の能力によって,個人に身に付けられるしかないという,最も基本的なことに関わる。そしてそこからふたつのことが確認できる。ひとつは,知的所有物は,個人によってしか身に付かないという点から,リベラリズムの原理が基礎付けられる。その陥りやすい危険性については,1-1-1ですでに触れ,3-2-2で再度触れるが,しかし基本的には,私たちは,リベラリズムを採用するしかない。

　ふたつ目の帰結は,個人所有が必然的であるために,才能のある者とない者,運の良い者とそうでない者,そしてその結果,たくさんの財産を持つ者

と，少ししか財産のない者との格差が生じる。これは私的所有を肯定すれば，当然出てくる問題である。しかし，知的財産の場合，その格差が一般的な財産に比べて，格段に大きくなるということは指摘すべきである。

知的財産の場合，格差がどうして大きくなるのかということについて，これは，3-3-1-b で扱われる。また知的所有の格差是正について，または情報化時代の格差是正について，様々な試みが提案されている。そのことも，以下に扱われる。

さて，ロックとカントにとって，所有の問題とは，正当化の問題であった (1-1 と 1-3)。それがさらに，ヘーゲルにおいては，イデアの問題になる。2-1-2 の初期ヘーゲルに即してすでに論じられ，2-2-3 の『論理学』を論じた結論部でまとめられる。それは潜在的にはカントの問題でもあった。個人が私的所有をしても良いという問題から，その所有が，他者との関わりを要求し，かつ他者の発展を促し，自己をも発展させる。そういう機構が所有であるし，そういう役割を所有は持っている。

また同じく 2-1-2 で論じたように，ヘーゲルにおいて，自己関係の論理が承認の論理を，両者同一のものとして含み，それがイデアの臨在に関わることが確認されねばならない。それが所有の真理である。まず所有物をどう作り，そして社会をどう作り，その中でどう個人を作るか。そのことが論じられるべきである。

人類が，私的所有をすることで，類の維持を可能にし，類が発展する。それが所有の正当化の議論であった。諸個人が自由に活動することで，類が発展する。

こういったことをヘーゲル『論理学』の中で確認し，それを知的所有につなげたい。もう一度，自己関係の論理が承認の論理と同じだということを考えたい。私は以前，自己関係と個体化と，そのふたつが，ヘーゲルの論理であるとまとめている（高橋 2001）。それを簡単に振り返っておく。そしてそのことが，知的著作権の問題を通じて，あらためて論じられるだろう。

まず自己関係について確認する。自己関係は，発展の論理である。『論理学』を構成する存在論，本質論，概念論という三部から，それぞれ以下の論理を

取り出すことができる。最初の存在論からは，個々の有限の運動の中に，いかに無限を内在させるかということ，また次の本質論においては，本質と現象という運動の中に，いかに本質を体現させるかということ，また最後の概念論においては，類と個の関係において，いかに類を受肉させるかということ，総じて，いかにイデアを臨在させるかということが，『論理学』のポイントであるとした。またシステムが，そのようにして発展するということを論じた。これが自己関係の論理である。

2-1-2で，私はハーバーマスを批判して，自己関係に三つあることを論じたが，それは，この『論理学』の三つの部に由来する。また，そのそれぞれが同時に承認の論理となっている。つまり，自己が他者に変わって行く悪無限において，変わって行く相手は，実は自己であると気付くことが，真の無限になるという論理，また，本質と現象が互いに相手を自己とみなす論理，そして類と個が，推理論的につながって，相互に相手の中に自己を認める論理と考えることができる。

さてもうひとつ，考えるべきことがある。私は，以前にヘーゲルの類個関係の論理構造をDNAの比喩を使って説明したことがある（高橋2001）。人類全体はDNAを要素とする，ゲノムと呼ばれるシステムであり，個人もまたそのDNAを要素とする，人類全体とは別の，ひとつの生物システムである。人類全体というシステムと個人というシステムは，それぞれ相異なるシステムであるが，DNAを共有するシステムである。あるいは他人もまたひとつのシステムであり，個人は別の他人と一部のDNAを共有している。しかし要素を共有していても，システムというのは，要素の一部でも異なれば，まったく別のシステムとなる。従って，各主体はそれぞれすべてまったく異なるシステムである。

このDNAをコミュニケーションと行動とみなせば，それらは個人と社会の共通の要素である。このことは，個人は他者及び社会全体と，コミュニケーションと行動という要素を共有しているということ，さらには，そもそも個人はそれらを要素とするシステムであるが，ひとつひとつの要素を他者と共有することによって，他者と関わり，他者との関わりの総体として個人が成

立するということである。つまり社会というシステム，個人というシステム，及び他者それぞれのシステムは，各々独立しており，従属関係にはないが，相互に影響を与えるのである。

　しかしヘーゲルの類個関係の論理は，すでに論じ，また 2-3-3 と 3-2-3 でさらに詳しく述べるが，それ以上のものである。第一に，その関係は自己関係である。つまり個も類も，相手の中に自己を見出す。そして相互に，相手を豊かにすることで，自己が豊かになるという仕組みになっている。これがシステムについて理解すべき第一点目である。個人というシステムを豊かにすることでしか，つまり個人というシステムの中に，類というシステムが凝縮されて内在しているから，そこを豊かにすることによってしか，類は豊かにならないし，類が豊かになることで，個は充実する。ここに，先の自己関係の三番目の論理が，この個体化の論理に他ならないことが了解される[2]。

　所有を通じて，まさにこの行為が確認される。つまり，知的所有においては直接的に，一般の所有においては，間接的に，このことが明らかになる。それは社会の原理である。ヘーゲルは基本的には，モノの所有に基づいて，『法哲学』を書き，所有に始まって，社会が進展し，最後は類と個の関係について，そのダイナミズムを考察した。このことは，再度次の節で整理される。そして知的所有を考えれば，他者関係から，類個関係へと，そしてそれが自己関係であることが，直接的に考察が可能である。

　ここで，知的所有＝知識として良い。これが主客図式の中項になる。中項を充実させ，そのことによって，主体と対象の両方を充実させる。これが知的所有論の課題であった。

　もうひとつ考えるべき点がある。それはこの自己関係が否定的な自己関係であるということである。「精神哲学」（『エンチュクロペディー』第三部）の 381 節（岩波文庫の翻訳では，第 5 節となっている）の長い補遺は，この間の事情を探るのに格好の題材を提供している。

　動物は，性関係において，相手に，自己と共通の類を感じる。動物はこうして，新たな有限の個を生み，自らは死ぬ。動物の場合は，これだけの話である。有限の個を通じて無限の類が生じる。ここに個と類の，つまり有限と

無限の論理的な関係はすでに出ている。しかし動物はそのことを自覚していない。この自覚の有無が自然と精神とを分ける。人間の自我は，精神活動において，動物と同様に他者と出会い，そこに類を感じる。他者から認められ，他者を認めることで，自らが類であることを自覚する。自我はこのことを自覚することにより，有限の運動から無限の運動に移行する。有限の個は，いずれは死ぬが，無限の，類としての精神は無限である。ここに，個と類の関係は，単に自己関係であるのではなく，否定的な自己関係になっている。

　知的所有は，所有であって，しかし類個関係であり，その活動は，有限が無限になる運動である。ひとりの個人は有限だが，精神活動をすることで，類としての無限の運動に参入する。

　さて，本書の最後(3-3)の三つの節では，具体的な政策提言に踏み込みたい。イデアを個人が個人の内に宿すこと。ヘーゲルにとって，無限，イデア，自由は同義である。無限を個が内在させ，イデアを臨在させ，どう自由に生きるか。他在の中の自在，つまり他者とともにあって，自己の個性を発揮するという，ヘーゲル自由概念が，具体的な場面で，これから考察されねばならない。しかしその前に，2-3の最後の節として，以上の普遍と個別の問題を，ヘーゲルの『論理学』だけではなく，『精神現象学』と『法哲学』に即して扱い，そのことによって，まずヘーゲルの説明を完了させたい。そうして次に，ヘーゲル以降の所有論，具体的にはマルクスのそれとマルクス以降のそれとを扱いたい。

2-3-3　普遍と個別

　すでに知的所有論の論理構造は前節で確認した。知的所有とは，私が，私たちの作ったものを，私の頭の中に所有することである。これは必然的に，私たちと私の関係，つまり類個関係となる。つまり先に述べたように，所有は狭義にはモノの所有を指すが，しかし知的所有も，紛れもなく所有の定義に合致し，ここに知的所有を含めた広義の所有概念が得られる。この広義の所有が類と個を直接的に結び付ける。

　類個関係が分裂の段階から統一の段階に進む，その進展を詳細に描いたの

が，ひとつは『精神現象学』であり，もうひとつは『法哲学』である。前者は，精神の内部の問題として抽象的に考察し，それを具体的な社会の中で扱ったものが，後者である。そのことを見て行きたい。

『法哲学』市民社会論の評価は一般に高く，国家と市民社会の関係について，現代でもなお有効な議論を提供しているが，そのあとヘーゲルは論理を進めて，国家の中に諸個人の自由が溶解する。そこではカントの平和論が批判されて，戦争が肯定される。そうなると，たちまちヘーゲルは嫌われる。ヘーゲルを肯定する側では，市民社会論は活かせるが，君主制擁護，戦争擁護のヘーゲルは時代の制約があったと，そこは切り捨てる。一方ヘーゲル批判の側は，まさにそこにこそヘーゲルの本質が現れていると考える。

私は，その両方の，つまり国家の中で市民社会が機能する論理と，戦争をする国家と，その両方をヘーゲルの論理として肯定し，さらに世界史の中に位置付けられる国家像を提出し，ヘーゲル国家論のまとめとしたい。そしてその議論をする前に，それと並行的な議論が『精神現象学』に見られることを確認する。今まで述べた知的所有論から，普遍と個別の議論が，『精神現象学』と『法哲学』とでなされる。

『精神現象学』の「事そのもの」の議論は，V「理性の確信と真理」の最終章で行われ，知的所有物を巡って，どのように普遍と個別が関係をするか，それが主題となっている。それは『法哲学』第三部「人倫」の第二章「市民社会」から第三章「国家」への移行に対応する。ここで普遍と個別が最初に統一される[3]。ここである知的所有物を制作しようとする個人を考える。例えばある青年が小説を書こうとしたとしよう。労働して所有物を得た個人が，どのようにその所有を社会の中で正当化してもらい，社会の中に自らを位置付けるかというのが，ロック，カント，ヘーゲルの問題意識であり，その場合，土地の所有，農作物の所有が念頭にあったと思われるが，ここでは，所有は知的所有である。そのことによって，普遍と個別という問題が明瞭になる。

まず近代社会では，普遍と個別は分離していて，青年が小説を書こうとした場合，それは共同体の代表として，あるいは共同体意識に即して書くのではなく，個人の内面に向けられる。つまり一旦ここで，個体は普遍から分離

していて,小説家は自らの個性を描こうとする。しかし作品ができ上がると,それは他者から評価されねばならない。つまりここで個体の意志は普遍性の領域に投げ出される。そうして主観的な理想は,他者との相互承認の世界に入って行く。つまりその小説が価値のあるものかどうかは,他者の評価に委ねられる。この論理を自説の展開に活用した竹田青嗣は,これを「フェアな承認ゲーム」と呼び,それが批評のゲームを含むことで「承認の普遍性」がより開かれた構造として存在すると言う(竹田 2009 p.234f.)。そうして,「個体性(人間の個性)と普遍性(社会的なほんとう)との『統一』があ」る,と言う(同 p.235)。一応はここで普遍と個別は,「相互浸透(Durchdringung)」している。この「相互浸透」という言葉は,『精神現象学』のこの節のキーワードで,何度も使われる(例えば p.297=p.404)。普遍と個別の最初の「統一」と言って良い。あるいは,両者は調停されていると言うべきであろう。

　この間の論理は興味深い。個体はきわめて自閉的である。「意識は元気良く,<u>自分から出て行くが</u>,<u>ある他者に</u>向かうのではなく,<u>自分自身に向かって</u>行く。個体性が自分自身において現実的なので,働き掛けの<u>素材</u>や行為の<u>目的</u>もいずれも行為自身においてある。だから行為は,ひとつの円環の運動の様相を呈し,それは自由に空虚な空間を,自分自身に内において運動する…」(p.293=p.398)。これはどういうことか。つまり個体が何かしようと思ったとき,その個体は自らの目的を現実化するにはどうすべきか,またそのために社会はどのような仕組みになっているのかを考える。つまり実現される前に,その個体の意識の中で,すでに実現されている必要がある。ここで言われているのは,そういうことである。これは,3-2-3 で検討されるが,現代のシステム論の論理を彷彿させる[4]。このようにして,自律したシステムとしての個体が,普遍に晒され,その中で調停される。

　かくして作品を作ることにより,個人の内的本質は,公に,つまり普遍的に批評される。しかしこの普遍と個別の「相互浸透」はまだ,はなはだ不十分なものである。資本主義社会の実態が,ヘーゲルの念頭にある。個人は普遍を目指すと言って,ただ単に個人のエゴイズムを追求するかもしれない。しかし社会は互いに,そういうエゴイズムから成り立ち,うまくそれらを調

停し，そこに普遍性が成り立っている。

その後は『精神現象学』を引用しつつ，ジープに導かれて，続きを扱う（Siep 1993）。

個人の自己意識は，人倫的な実体にまで高まっている。「人倫的実体が自己意識の本質であり，自己意識が人倫的実体の現実態であり，定存在であって，また人倫的実体の自己であり，意志である」(p.323=p.441)。かくして精神が生成する。個人は共同体の一員として，その精神を体現し，その作品は，「普遍的な作品」(p.325=p.733) である [5]。

ここで類個は，一旦は統一されている。それからそれは世界史の歩みに入る。そうして再びその類個の統一は分裂し，その後長い道のりを経て，もう一度統一が目指される。古代ギリシアでは，人倫はまだ自然性が強く，個人の自覚的な行為を包摂し得ない。ローマでは，法の前での平等な人格とその所有権とが認められるが，それはあまりに抽象的で，個性を持った個人は成立していない。近代に入って初めて，人は教養を身に付け，そこから国家権力と富が生じる。個人は再度，エゴイズムに基づいて，労働をし，消費をするが，社会は分業システムを通じて，うまくそれをまとめる。「人間は他の人々をうまく利用し，また利用されている」(p.416=p.873)。

この近代の論理は複雑で，本当は長い説明を必要とするが，ここではそれを省略して，一気に結論に入る。Ⅵ章「精神」の最終節は，「良心」である。そこで個別的な自己は，そのままで普遍的なものと一致し，かつそのことを個人は知っている。個人の行動は他者から承認されており，現実的である。そうしてさらにまだいくばくかの道のりがあり，この「良心」の節の最後で，精神は他者と和解し，自己を成立させる。

ここをジープは次のように説明する。「個人の個人としての完成が共同の道徳的文化の表現であるということ，そのことこそが，ヘーゲル『精神現象学』の今日なおアクチュアルな遺産と評価しうるものではないでしょうか」(p.545)。彼は続けて，「道徳，法権利および政治的文化とは，たんに私的な利害の衝突を回避したり調整したりするに留まるものであるべきではない」(p.545f.) と言う。個人の充実が普遍の充実につながるのである。単に「事そ

のもの」の論理に留まらず，ヘーゲルの積極的な意義をそこに見出すべきである。

　以上でヘーゲルの論理はすべて出ている。ヘーゲルを理解しようとするとき，次のことは，常に念頭においた方が良い。つまり，潜在的または未分化の段階，矛盾が表面化し，分裂する段階，それが統一される段階というトリアーデは，ヘーゲル理解には必須である。しかしそれを固定化してはならないし，またそれでヘーゲルの論理が汲み尽くされる訳ではない。ヘーゲルの論理構成については，この第2部で扱ってきた。それは最終的には，普遍と個別の議論に収斂していく。個別と普遍が未分化の段階，分裂している段階，統一されている段階と三段階を経るということは，まずは押さえておく。しかしそれでは，具体的に社会の中で，類個が統一される段階とはどういうことなのか。その議論が十分になされねばならない。

　『法哲学』の第三部，人倫の構成は，家族，市民社会，国家となっている。これが論理的には，家族の中で諸個人間の一体感が強調される段階，社会に入り，様々な欲望がぶつかり合い，諸個人が分裂する段階，その分裂が国家の中で統一される段階とそれぞれをみなす。この理解は間違っていない。しかしそれだけでは不十分である。

　国家は，さらに次の三段階を持つ。国内公法，国際公法，世界史の三つである。ここで以下，その三段階を確認したい。まず市民社会の中で，個別たる諸個人は，普遍としての国家を求める。市民社会において，すでに国家は現れているが，それはただ単に，市民社会の分裂状態を調停するだけであった。しかし諸個人は，国家の普遍性をより強く求め，国家もまたそれによって自らの普遍性を強める。これが第一段階である。この段階の国家は，直ちに戦争に突入して行く。というよりも，戦争を前提に，国家は統一され，戦争とともに，しかし類個は分裂して行く。そうしてその後，諸個人は，国家が最終的な普遍ではないことに気付き，より上位の世界史という普遍を求めるようになる。以下，詳細にこのことを確認したい。

　『法哲学の講義録（ハイデルベルク大学1817/18）』によれば，次のようである[6]。「市民社会は個々人の生命と所有の保護を自らの基礎に持っていて，

2-3 ヘーゲルの知的所有論

そこに自らの存立がある」(114節)。つまりホッブズとロックの主張はここで意識的に位置付けられている。ただし，ヘーゲルは，欲望の体系は，司法活動や福祉政策によって，私的な欲望を社会化すると言い，個人が市民社会では，中間集団によって，育てられると言う。そうして育てられた個人は，さらに国家を要求し，国家から承認されたいと思う。諸個人の欲望の体系としての市民社会で，人は労働し，資産を作るが，その際に，個人は法に従うべきことを自覚する。再び『法哲学』に戻って，その209節をパラフレーズすれば，人は労働の際に，人は他者との相互依存の関係にあることを自覚し，それが教養を身に付けることによって，単なる関係という抽象性が法という具体性になる。そうして230節では，人は次のふたつの類個関係に入る。すなわち福祉行政と職業団体である。

このことを類個関係に即して説明する。まず，市民社会において，「職業団体や地方自治体」が最初の類である。「だから個人は普遍的なものに対する自らの，現実的で生き生きとした使命を，第一に職業団体や地方自治体といった，自らの諸圏において達成する」(308節注)。しかしその類はまだ，ただの調停役にすぎない。そうして市民社会から国家の段階に移る。国家よりも個人を束縛し，個人のアイデンティティを確保する上位のものはない。だから，この国家の第一段階では，国家が最終的な類である。

このことを国家の側から見てみる。国家もまた，他からの承認を必要とする。それは国内と国外で得る必要がある。つまり国家の正当性は国民及び諸外国からの承認による。国家はもはや「国民の生命と所有の保護」を目的とはせず，国内的には国民に教育をして，個人を育て，さらに国家維持の義務を植え付ける。また対外的には自国の独立主権を主張する。そうしてその際，国家を超える上位の主権はないから，国家間の調停が困難であれば，あとは戦争しかなくなる。

しかし，戦争というのは，国家が他の国家と関係を持つことであり，そうであれば，国家は絶対的なもの，実体ではない。そうすると，その上位のもの，つまり国家間の関係があり，それを超えた段階をヘーゲルは世界史と呼び，それこそが実体であり，その中に国家が位置付けられるという段階があ

るはずである。私は国家間の戦争の段階を第二段階として、これを第三段階としたい。

ここで世界史は、上位の概念であるにもかかわらず、ヘーゲルも、そしてまた私たちも、国家を超える上位の概念はないと思っている。ヘーゲルの時代において、また現代でも、世界は主権ではなく、軍隊も警察を持たないから、国家が最上位の実体だと考えられている。それはどうしてか。

『法哲学』の、第一節国内公法の後半、対外主権と、第二節国際公法は、カント平和論批判が眼目である。これは一言で言えば、それぞれの国家は、それぞれの歴史、経済発展段階、つまり特殊意志を持ち、それらは連合できない。連合するとすれば、それは偶然的であるとヘーゲルは言う。ヘーゲルのこのあたりの論の進め方には、最初から戦争を肯定しようという発想が強く見られる。

戦争の理由は次のふたつである。ひとつの理由は、次の通りである。市民は職業訓練を受け、また教養を積み、それによって次の段階に進み、国家を求めるようになる。その国家は立憲君主制である。なぜ立憲君主制なのかという説明をする前に、ヘーゲルが民主制をどう思っていたかということから説明する。先の『法哲学の講義録』135節注と137節注をまとめれば、民主制だと、市民社会で完成した自由な自我に全面的に基づくことになる。しかしヘーゲルは、それはギリシャ・アテネで見られたもので、そこでは芸術や学問は花開いたが、国家は崩壊した。従って、今ここに必要なのは、その自由な自我を組織する国家であり、それは立憲君主制に他ならない。個人は自己否定によって、国家の一員になる。

再び『法哲学』から引用する。ヘーゲルは次のように言う。「(国家という)実体が一切の個別的なものと特殊なものに対する、絶対的威力として、生命と所有とその権利、ならびにその他の諸々の仲間集団に対する絶対的威力として、これらのものの空であることを存在と意識にもたらす…」(323節)。これが個と類の否定的自己関係である。

個を活かす国家だから、その国家が危機にあれば、個は国家のために死ぬ覚悟が必要だ。自分を活かしてくれるもの、自分がそこで自分として認めて

くれるものを助けねばならないと考えるからだ。これをヘーゲルは、「戦争の倫理的契機」(324節注)と言う。つまり個が国家という類を自覚するために戦争は必要なのである。

もうひとつの理由は、国家の側の問題である。まず国家は類であるとされるが、「国家は個体で、否定の働きがある」(324節補遺)。つまりそれは、「おのれにとっての対立物を生み出し、敵を生み出すに違いない」(同)。これが類そのものの持つ否定的自己関係であり、まさしくこれが、国家から見た戦争の理由である。

国家は独立しているが、それは他国からそのように承認されていることに他ならない(331節)。しかし国家はそれぞれの特殊な意志を持ち、それらは時としてぶつかり合い、合意が見出されなければ、解決手段は戦争しかない(334節)。

この個人と国家の関係は、ヘーゲルの場合、一貫して、戦争を念頭に考えられている。初期ヘーゲルの『人倫の体系』にも、後の『法哲学』と同じ内容の記述がある(第3章第1節Ⅰ)。

しかし私は、この戦争観は、二重にヘーゲルらしくないと思う。つまり、ふたつの理由のどちらも、ヘーゲル的でない。まず、個人は市民社会で発展し、国家でさらに発展する。しかしその個人を最大限発展させる仕組みは、民主制であって、そのことをヘーゲルは認めている。しかし戦争に負け、崩壊してしまう古代民主制ではいけないと言うのである。つまり、ここから言えるのは、戦争が無ければ、それはそれで、個人はちゃんと発展するのだから、民主制の方が良いということをヘーゲルは逆説的に認めている。ただ戦争がないということは考えられない。だから民主制を低く考える。

とは言え、私がヘーゲルから学んだのは、個人の発展という観点である。先の『精神現象学』の類個関係では、個人が最大限発展することで、類を充実させる。とすれば、やはり民主制の方が本当は良いはずである。

第二に、国家を、先ほどから繰り返しているように、実体とし、またこの文脈で言えば、最終的な普遍としているが、国家は戦争という形であれ、そうでない場合であれ、他の国家と関係を持つ。実体というのは、それだけで

成り立つもので，また最高の段階のものだから，国家は実体ではあり得ない。実体は，ヘーゲルの体系では，世界精神のはずである。また国家は普遍のひとつだが，最終的な普遍ではない。国内公法，国際公法，世界史と展開し，ヘーゲルの体系では，最後のものが，一番段階が高いのである。しかしヘーゲルは，戦争のためには，国家に個人が命を捧げなければならず，最高の段階に対して，自らの命を捧げる訳だから，国家を実体，または最終段階の普遍にする必要があった。そしてそこで，普遍と個別が統一されたと考える必要があった[7]。

しかしヘーゲルは本当は自覚している。「（民族精神の有限性を示す）弁証法から，普遍的精神，すなわち世界精神が，…自らの法を，その法が至高の法であるのだが，世界審判としての世界史において，各民族精神に対して執行する」(340節)。さらに次のようにも言う。「世界史は…普遍的精神の展開であり，実現である」(342節)。また，「人類の完成可能性」(343節注)という指摘も重要である。世界史においてこそ，類と個は完成される。これらの記述は，上の二点をヘーゲルが自覚していることを示している。

個人が国家と一体化している第一段階と，戦争という第二段階を経て，それから国家と国家の間にネットワークができて，個人が直接そのネットワークに関与して，国家を超えたものが示唆される第三段階を考えることができる。それはつまり世界史の中にある諸国家に他ならないのだが，私たちは，それを打ち出すことができる。世界政府と呼ぶべきものができている。それは世界国家ではない。しかし，先に市民社会において，中間集団の中で教育された個人がより高い自由を求めて，国家を求めたように，ここでも個人が世界政府を求める。それは暴落を防ぐためであり，戦争を防ぐためでもあり，また環境問題などに対処するためである。詳しくは，3-3-3で議論されるが，ここで，様々な中間集団，国家，及び諸国家のネットワーク的世界政府の中の諸個人という概念をヘーゲルの解釈からも得ることができる。つまり中間集団，国家，ネットワーク的世界政府という三段階の類を抽出できる。そうしてそれぞれのレベルでの類個関係が吟味されるべきである。

またこのネットワーク的世界政府は，国家を止揚してできるものではない。

このことはすでにカントが論じていた。つまり，諸個人は国家の中で育ち，その国家が他国と関係を持ち，諸個人は様々な国を超えて，ネットワークを作る。また，ヘーゲルの記述に従えば，この世界政府は，国家の次に出て来るものではなく，国家の最終的なあり方に他ならない。国家は類であり，諸個人にアイデンティティを賦与する役割を持ち続けるが，しかし諸個人を活かすためには，国家はさらに上位の類，つまりネットワーク的世界政府を必要とする。それによって，またその中で，国家も活かされる。国家は，ネットワーク的世界政府という普遍の下では，個となるからである。

ヘーゲル『法哲学』においても，カント『法論』と同じく，その論理は所有論に始まり，その帰結は平和論である。しかしこれがほとんどそう考えられていない。ヘーゲルの市民社会論は評価されるが，しかし国家論は，この第一段階と第二段階の戦争する国家しか考えられていないから，ヘーゲルが評価されることはない。しかし第三段階まで考えるべきである。また先に述べた，『精神現象学』の「良心」での，類個統一の段階は，『法哲学』では，ここで初めて実現される。

最後に，前節で挙げた「精神哲学」（『エンチュクロペディー』第三部）の議論を再度引用する。381節（邦訳『精神哲学』では，5節）の補遺において，精神の誕生が説明される。生物において，死は，類と個の矛盾である。死は個別の否定であり，動物においては，それはただの否定であるが，人は精神を持つことにより，自己の有限性を克服するとヘーゲルは言う。つまり人は，精神活動をすることにより，自己の有限性を意識し，そのことによって，自らの内に，無限の精神を宿す。この論理は，先にも『論理学』の説明の中で述べていて，ヘーゲルの観念論の最も重要なものとなっている。

『法哲学』の議論で，人は国家が戦争をすることにより，その国家の中で，普遍性を意識した。しかし，戦争によらなくても，人は有限で死すべき存在である。精神活動，つまり知的所有の行為の中でそのことは意識され，その自らの有限性の自覚が，普遍性の意識につながる。その普遍性は，ここではまさしく国家を超えた，人類の精神そのものである。このことは，ここでは，ヘーゲルの記述に従って議論されたが，同じ結論を，知的所有の議論から直

接的に導出することも可能である。

　ここまで来て，初めてリベラリズムの基礎付けができる。リベラリズムは，その定義も含めて，3-2-2で詳述する。それはそもそも，きわめて欠点の多いものだけれども，しかしこれは否定できず，私たちはリベラリズムを承認するしかない。

　普遍のもとでの，個の有限性と可塑性が確認されている。ここでは特に，有限性の自覚に焦点を当てる。これがヘーゲルの言う，否定的自己関係になる。この自覚が精神の歴史，つまり普遍性を要求する。

　個の権利に力点をおくのではなく，むしろその有限性に力点をおくリベラリズムこそ，ここでの議論である。有限性を自覚し，その上で個の最大限の権利を認めて行く。普遍と相互浸透し，相互に生成発展するだけでなく，そもそも，両者がどう相手を要求し，自らを成立させるかという，根源的な関係を問うことが重要である。それをヘーゲルは否定的な自己関係と言ったのである。

●注
1) これは3-3-1で触れる，個人の有限性と可塑性，及び私が「情報の全体主義」と呼ぶもののためである。
2) このことは，3-2-3で扱うシステム論を使って，さらに整理される。
3) この間の整理には，竹田青嗣を使う。「事そのもの」を評価する竹田の論（竹田2009 第5章3節）は，ユニークなものだが，しかしこれはやはり分裂の段階のものであって，それは『法哲学』の市民社会の論理である。この点で，『法哲学』の市民社会論のみを評価する多くのヘーゲリアンと変わらない。
4) ルーマンもまた「相互浸透」（Interpenetration）という言葉を使う。ヘーゲルとの違いは，これも3-2-3で扱われる。
5) 『精神現象学』の「人倫」と『法哲学』の「人倫」は，同じものではない。これについては，様々な研究があるが，滝口清栄が分かりやすい（滝口2007a）。簡単に言えば，『精神現象学』の「人倫」は，ギリシア的な人倫で，『法哲学』の「人倫」は近代的なものである。
6) 福吉勝男によれば，この講義録が最も『法哲学』の考えを表している（福吉

2002, 2006)。
7) 以上は，(福吉 2006)を参照した。また，実体概念については，加藤尚武を参照した(加藤 2006)。またこのあたりのことは，(加藤 1999 第 12 章)にもある。

第3部　現代所有論

3-1　マルクス主義の所有論

　マルクス主義についてもまずその所有論を整理したいと思う。疎外論的所有論がその最初のものである。そして，物象化論がその批判として出て来る。そして最後に推理論的マルクス理解を挙げる。見通しを挙げておくならば，疎外論的所有論の克服として，他者性を重視した物象化論が出て来て，さらにそこで失われた自由の回復が求められる。私はマルクス主義の所有論の，あの膨大な資料を全部整理することはできない。またマルクスの著作をすべて解明することもできない。しかし以上の観点から，マルクスの解釈を試み，それを以って，マルクス主義の所有論の整理をすることはできる。そしてそれが，マルクスの理解，及びマルクス主義の整理において，根本的なものになり得るのではないかという感触は得ている[1]。

3-1-1　疎外論的マルクス主義

　ヘーゲルは貧困について明瞭に語り，かつそれを市民社会における本質的な問題だと考えている。『法哲学』の，まさに市民社会から国家へと説明が進んでいる所，具体的には，「福祉行政と職業団体」の所で，ヘーゲルは次のように言う。「他方では，特殊な労働の個別化と，制約とが増大し，それによって，この労働に縛り付けられた階級の隷属と窮乏とが増大し，そのことと関連して，さらなる自由と，特に市民社会の精神的な便益を甘受し，享受する能力を失う」(243節)。このことがマルクスの中心的な課題となるのではないか。つまりヘーゲルにおいては，この貧困の問題は，まずは市民社会の中で解決され，普遍と個は調停される。そしてその上で，個は一層の統一を求めて，国家を要求する (2-3-3)。しかしマルクスにおいては，これは，資本主義の論理が持つ必然的な帰結であって，ここから，資本主義的な所有のあり方の根本が反省されねばならない。私は，以下，マルクスの問題，及びマルクス主義の問題を，所有の問題として考え，その大枠を押さえたいと思う。

疎外論の整理から始める。幾人かの紹介をする。最初に，平田清明を取り挙げる。日本のマルクス解釈の歴史の中で，疎外論は彼が，1968年に，「私的所有」と「個人的所有」との区別を打ち出したことにより，主として1970年代に議論された。彼は，「私的」(private)とは共同利用の土地を，それぞれの人が奪って，自らのものとしたということを意味するのに対し，「個人的」(individual)とは共同体との関わりを意味していると言う。「私的人間」は従って，相互に排他的に対立し合う人間であり，「個人」は共同体を前提に，集団性を自ら形成している人間を意味するのである（平田 p.135ff.）。

このことによって，マルクスの言う「個人的所有の再建」が理解される。マルクスは，『資本論』第一巻最終章(24章)で言う。

「資本主義的生産様式から生ずる資本主義的取得様式は，従って，資本主義的私有は，自己の労働に基づく個人的な私有の第一の否定である。しかし資本主義的生産は，一種の自然過程の必然性を以って，それ自身の否定を生み出す。これが否定の否定である。この否定は私有を再建するのではないが，しかし確かに資本主義時代の成果を基礎とする，つまり協同と土地の共有，及び労働そのものによって生産された生産手段の共有とを基礎とする，個人的所有を作り出す」。

平田の解釈では，資本主義社会において，私的所有が資本家的私的所有となったが，その中で人は，人間の本源的な個体性を再獲得しようとする。そう解釈することで，マルクスによって述べられているふたつの観点，つまり「個人的所有の再建」と「否定の否定」とが矛盾なく，説明される。

実際，このマルクスの観点をどう解釈するかという問題は，様々に議論されてきた。例えば通俗的な理解ならば，マルクスの所有論は次のように考えられていた。つまり，最初に共同体所有があり，資本主義社会の中でそれが否定されて，私的所有となり，再び，否定の否定によって，共同体所有になるというのである。しかしこの理解では，否定の否定によって出現した段階で，この共同体所有と「個人的所有の再建」とが矛盾してしまう。

あるいは「諸個人の自己労働に基づく分散的私有」から「資本主義的所有」へと一旦否定が行われ，そして「社会的所有のもとでの個人的所有の再建」

という「否定の否定」がなされるという理解もある（例えば，（林 p.173f.)）。この場合,「社会的所有」とは生産手段の所有であり,「個人的所有」とは個人的消費財の所有を指す。この解釈はエンゲルスの解釈に基づくものである (Engels 第1編第13章)。この解釈は，しかし，後に整理するが，きわめて不十分である。

論争の中で最良のものは，福富正実のものである。彼は，マルクス自身の研究段階を分け，それぞれの段階におけるエンゲルスとの相互理解やその限界を確認し，かつ資本主義以前の社会の諸形態と，社会主義から共産主義への段階をそれぞれ分類して整理し，個人的所有が社会的所有の一種に他ならないことを指摘した。つまり私的所有は社会的所有の対立物であるが，個人的所有は集団が所有の主体となるような所有である。歴史的には，個人的所有は，共同体的所有から私的所有への過渡的形態であるとし，今度は逆に，社会主義的所有においては，私的所有から共同体的所有への過渡的形態であるとする。それは労働者集団，具体的には「共同組合工場」の成員全員が所有の主体となる，そういう所有形態であるとした。ここで「個人的所有」と言うときの「個人」は，集団の成員として位置付けられる個人なのである。この理解で,「個人的所有の再建」は矛盾なく理解される（以上,（福富 1970 第一章第二節)，及び（福富 1984）のまとめ)。

マルクスは,『資本論』第一巻第1章の最後部で次のように言う。「最後に私たちは趣向を変えて，自由な人間のひとつの連合について考えてみよう。そこで人々は，共同の生産手段を以って労働し，人々の多くの個人的な労働力を意識的に，ひとつの社会的労働力として支出する」。

以上の解釈は，このマルクスの文言とうまく合致する。

さて，この疎外論の主張を私は基本的には正しいと思うし，魅力的だと思う。しかし現実的には，その後省みられることがまったくなくなってしまった。後にそれは，第一に物象化論と，第二にさしあたって私が「現代思想的」と呼んでおく所有論に取って代えられた。疎外論には後に述べるようにいくつかの理論的な不備はある。しかしその不備を克服しようとして，その長所も捨てられてしまった。あるいは，もっと優れた理論に包摂された訳でもな

く，ただ単にマルクス主義の衰退とともに忘れられてしまったように私には思われる。

　この段階でのまとめをしておく。平田清明の主張以降，私的所有は個人的所有の疎外態と考えられる。また福富正実によれば，個人的所有とは，労働者が集団を媒介として，再び自らの労働を自分のものとして考えることのできる，そういう所有であり，従って，個人的所有は，集団所有の一種であるということになる。ここは後の吉田民人の整理を待って，3-2-1 で再度考えたい。福富の考えに，基本的には同意しつつ，しかし実際の所有形態は，個人的所有と集団所有をスペクトラムで考え，その間に，対象を分割して所有したり，所有の内容が分割されていたりということがあり，個人が集団性を自らの内に持っているという平田の定義の上で，その都度所有の現実的な形態が決められると私は考える。

　こう考えれば，エンゲルスの整理も間違いではない。現実的に，消費財の多くは個人所有で，生産手段の多くは社会的所有となるからである。しかしそれはきわめてあいまいな言い方であり，福富が言うように，生産手段の所有の場合は，個人が共同体の中で，共同体と関わりつつ，所有しているのだし，消費財の場合は，これはさらに，3-3-1c で扱うが，社会の中で，また社会によって，個人に所得が再分配されて，その結果所有するものである[2]。その意味で，集団所有と個人所有は，本来は両者同じであり，しかし現実態としては，様々なスペクトラムに分かれて，表出して来ると考えるべきである。

3-1-2　物象化論的マルクス主義

　物象化論の整理をする。物象化（Versachlichung）という言葉は本来，疎外（Entfremdung）と同義である。疎外は外化であり，主体が対象を自己の外にあるものとして定立し，それを自己と対立するものとみなすことである。そしてそこから自己は疎外される。

　疎外は物象（Sache）の自立である。客体は主体から自立し，そのことによって，物象となる。資本主義社会では，商品は主体である諸個人が産出したも

のであるが，それが外的に私的所有されることによって，物象として自立する。さらにその上で，貨幣によって媒介されて，主体から完全に切り離される。

物象化論はその上で，疎外論に対する批判として生まれた。この言葉を有名にした廣松渉の言葉を使えば，社会は諸個人の諸連関，諸関係の一総和であるが，その社会は固有の実体であるかのように「錯視」される。そこでは諸個人は，「物象化的錯認の相」に規制されて行動する。そこから疎外論の議論が，物象化的な錯視に陥っていること，「間主観的な対象関与的連関態」の屈折した「仮現」に眩惑されたものであることとされて，これらの物神性（Fetischismus）が「対自的」に批判されねばならないとされるのである（以上，（廣松 1983 pp.57-67））。

このことをマルクスに即して言えば，初期の人間観はヘーゲルに即して疎外論的であったが，人間観の変化，すなわち，人間の現実的本質を「社会的諸関係の総体」としてから，疎外論的発想を捨てたとされる。というのも，人間の本質をそのように捉えると，人間は歴史を能動的に作っていく主体ではなくなり，人間の意志とは独立した，歴史的に規定された社会的諸関係の中で，規定される存在に過ぎず，そういう人間を疎外の克服のための主体とみなすことは，まさに「顛倒」に他ならないからである（以上「マルクス主義と疎外論」の要約，（廣松 1974）所収）。

廣松渉以外の物象化論についても夥しい文献があるが，要約すると次の諸点にまとめられるだろう。まず間主観的な社会的諸関係の物象化的自立が強調される。そしてそこから人間の行動が規定されていること，つまり諸個人の感じる自由が幻想であること，先の疎外論で論じられた事柄が物象化的な錯視として現れること。これらがその主張である。

この物象化論の立場で所有論を展開することもできる。青木孝平の繰り返し主張するのは，所有とは，「資本主義の流通，生産，分配という生産諸関係のアンサンブルがそのような倒錯相でうつしだす法イデオロギーにほかならないもの」（青木 p.95）となる。

そこでは人が歴史貫通的に自然に働き掛けたり，所有したり，そのことによって自由を感じたりすることはすべて，社会的諸関係がそうさせている

のにすぎないのに,人は誤って,それを真実だと誤解してしまう。そう主張される。それは正確に言えば,所有論ではなく,所有論が錯覚であると説くものであり,非所有論である。

現代社会の諸関係,諸制度が人を自由にさせているという指摘は重要であると私は思う。しかしそのことを否定的に捉えるのではなく,つまり単に,諸個人の能動性は幻想であり,社会的諸関係が主体化して,諸個人を規定しているのだということだけを強調するのではなく,その社会的諸関係の能動性を肯定すること。つまり社会の中で人は自由の能力を育てられ,実際にそのことによって諸個人は自由になるということを主張すべきではないのか。

確かに資本主義社会の中で,自由が失われているので,克服しようという疎外論の発想よりも,それはずっと現実的である。しかし物象化は克服することはできないとするのが物象化論である。それが物象化論の限界であると思う。物象化論に対して批判できるのは,まさにそのことで,またそのことに尽きると言っても良い。それはまた疎外論を完全に物象化的錯視として切り捨ててしまい,その活かすべき側面を見ない。

例えば,前述青木は繰り返し,初期マルクスにある疎外論的発想を,ロックとヘーゲルの残滓として切り捨てる。つまり彼の理解では,ロックとヘーゲルと初期マルクスとが,労働論的所有論に基づく。そして恐らく意識はされていないが,後期マルクスはカント的である。それらはヘーゲルに対する無理解,あるいはカントとヘーゲルの功績に対する,低い哲学史的な位置付けに起因する。

この欠点をさらに推し進めると,現代の様々な諸思想が出て来る。もちろんここでは,現代思想の諸理論をいくつも扱うことはできない。しかし私が,現代思想的と呼んだ所有論,つまり非所有を志向する所有論は,ひとつの現代思想の典型だと思う(本書1-3-3, 3-2-2,及び(鷲田))。それは所有概念が,資本主義社会の中で人々を拘束する諸制度を支え,権力関係を正当化するものであるとしている。そしてまた社会主義の共同所有もまた,所有ということでは同じ罪を犯していると考える。

それは必然的な運動だとは思う。それは単純に社会主義になれば良いと考

える素朴さと異なり，現代社会の複雑さを十分に認識しているからである。また物象化の議論を踏まえていて，社会の諸関係のシステム論的連関を理解し，諸個人がその連関の中にいることを自覚している。その論点は，労働し，所有することで人が自由になるという考え方そのものに対する批判である。まず労働中心の考えが批判され，その上で例えば，消費概念が出される。または非所有が主張される。そして自由を獲得するという考え方そのものが批判される。

しかし，いくつかの観点でこれを批判できる。自由が物象化的錯視であるとして，その存立の基盤を問うのは分かるのだが，あるいは目に見えない，無自覚な社会的諸関係が自由を成立させていることを指摘するのは良いのだが，しかし近代哲学が積極的に作り上げてきた自由についての議論の蓄積を認めていない。つまり人はそこからでは自由になることができない。

さらには，現実の社会的諸関係が，不条理な権利の行使，支配，差別に満ちているという指摘それ自体は事実であり，またその不条理の原理は商品，貨幣，資本という諸関係の中にあり，諸個人はその中にあって，支配と差別のただのエージェントに過ぎないという認識は，正しいのだが，本当はそこからどう諸個人が主体化し，自由を獲得するのかと問うべきなのに，そうならない。

3-1-3 推理論的マルクス解釈

諸個人ではなく，社会の方を主体と考える物象化論の考え方は重要である。その上でヘーゲルの推理論は展開されるからだ。疎外論は誤っていたのではなく，物象化論が指摘する観点に対する考察が足りなかったのである。しかしそれはまた物象化論が捨て去ってしまった，諸個人の自由を取り戻すための運動への観点を持っている。私はこのふたつを踏まえて，推理論的マルクス解釈を展開したい。必要なのは，資本主義社会が人間の自由の能力を育てているという，その肯定的側面の把握である（以下の議論は，（有井），（黒崎）の主張にヒントを得た。それらに私は全面的に同意する）。

2-2-1において，中項について論じている。例えば，身体は中項であり，

それは主体の側が客体に働き掛ける際に，手段としての役割を果たし，同時に客体の側が主体に向き合うときに，最初に主体として認識されるものであった。ここで，再び，諸個人と社会という対概念を考えたときに，その中項は社会の中で，諸個人を育て，そこで主体が認められる，何らかの社会的関係である。資本主義社会の中で，そのような中項が育っていて，そこを肯定することから，社会改革運動は始まる。物象化論はその中項を認めた。

物象化論は諸個人が社会的諸関係の中に規定されていて，そこから人間の力では，自由になれないとする。しかし社会的諸関係に規定されているからこそ，つまり人間が社会的諸関係を作ったのだが，そうして作られた諸関係が諸個人の力を離れて自立し，逆に人間を拘束するからこそ，実はそこに自由を取り戻す契機がある。諸個人と諸関係はそのようにしてつながっている。

今や単純に，労働者は自らが労働した生産物に対しての所有権を正当に持っていて，それが資本主義社会では失われているから取り戻せという主張では説得力を持たなくなっている。資本主義社会が作り出した，充実した社会的諸関係の意義をあらためて問うべきである。

有井行夫は，そのマルクス解釈の中で，株式会社に意義を見出す。株式会社は，資本のシステムが，私的所有をその物自体として自立化させ，形態化させたものである（有井 p.210）。単なる私的所有では，未分化で無媒介かつ不可視であったものを，分化させ，媒介させ，可視化する。株式会社こそ資本のシステム自身が自己を定立させる必然的な自己形態だと彼は言う（同）。それは商品，貨幣，資本という社会システムの中で，私的なものでありながら，同時に社会的なものとして自ら展開して来たものである。

労働者はその中で，私的所有者として自覚性を身に付けている。この自覚性の上に，社会関係を形成し，その社会関係の自覚があって，労働者は民主主義を担うと彼は言う（同 p.349）。社会的なものと自己との統一が必要である。株式会社において，諸個人は分割して労働するのではなく，共同的に行われている。そしてその資本のシステムは，諸個人の陶冶を強制している。ただし，まだ資本システムは，公共性に達し得ないでいるが，それは資本システムの内部で資本システムの自己認識として，その内部で行われるもので

ある。

　この有井行夫の論を受けて，黒崎剛は，明確にヘーゲルの推理論の必要性を訴える。推理論が重要であるということは，先にも述べたように，ヘーゲル自身が言っているのであり，そのことはヘーゲルを読む者ならば誰もが知っていることであるが，ヘーゲル論理学が認識論的のみならず，存在論的にも読まれるべきであること，また単なる矛盾の指摘に留まらず，そこからその回復に向けるべき指針としてヘーゲルを読むべきであることを指摘して，あらためて彼は推理論を重視する。その指摘に私は同意する。

　社会は，例えば現代社会ではそれはグローバリズムという形を取るのだが，その，諸個人を抑圧するという側面だけを見るのではなく，根底においてはそれは人間の，知的労働を含めた，すべての労働が作り上げたものであり，その根底の同一性を確認し，それが生み出す肯定的側面，それを彼は「公共性」と呼ぶのだが，そこを確認する。その公共性という言葉で，社会保障制度や公教育，公共政策一般が考えられている。

　これらの論によって，先の，疎外論と物象化論の両方の利点が摂取されている。個人は，株式会社という共同体との関わりの中で，育てられる。そこにおいて「個人的所有の再建」は十分成され得る。そもそも社会を諸個人が作っているのだから，社会と個人は根底に同一性を持ち，従って，社会が諸個人のために作ったものは，諸個人の能力を育てるもので，まさしくそれが社会と個人をつなぐ，手段＝中項であり，それによって，個人的所有と社会的所有が両立する。また社会的諸関係が諸個人を作っている，というのが，物象化論の主張であった。

　私はこれらの論を承けて，さらに展開したいと思う。それは，社会的諸関係から諸個人への働き掛け，諸個人の育成という側面だけでなく，同時にもうひとつの側面，つまり諸個人の社会的諸関係への働き掛けという側面をも見るべきであるということだ。

　近年使われ始め，かつ時には過剰な思い入れを以ってもてはやされている社会関係資本（social capital）という概念は（(諸富 2003)，(Putnam) などを参照せよ），まさに，この意味での手段＝中項を成す。それはそもそもは諸

個人の人間関係を作る能力の，ある地域での総体を指す言葉であったが，しかしそれが政治参加の能力と密接に関係を持つことが示されている。諸個人は様々な人間関係を育てながら，同時に政治参加の能力を高めて行く。それはまさしく現代社会が諸個人に用意したものであり，従って，それは諸個人と現代の社会的諸関係との間の中項であり，同時に，それは諸個人の現代社会への働き掛け，及びその変革の可能性を示している。3-2-1で扱うが，このことは，直接民主主義と代議制民主主義の両方に当てはまることである（また，政治参加の具体的実例については，私はすでに（高橋2004）で論じている）。

　それは当該地域社会の持っている資本であり，従ってそれは財産であり，まさしく所有である。しかし同時に，それは他者との関係性の総体であり，それによって諸個人に自由を与えるものであって，狭義の所有概念を超えている。

　すでに2-3の各節で論じているように，ひとつ示唆できるのは，知的所有において，個人的所有と共同所有とは両立する。物質的な生産力が十二分にあり，知的生産物が優位な位置にある社会では，それは可能だ。これは，最初は，生産を社会の原理としなくても良い社会，つまり消費社会として現われる。そこにおいては，消費を決定するのは，生産ではなく，商品のイメージであり，従って，消費社会は必然的に情報化社会となる。そしてその情報化社会の主役である情報は，ある個人のものであると同時に，他者との共有が可能であり，むしろ他者と共有されることによって，その価値が増すものなのである。社会関係資本も，自分の財産を増やせば，それが同時に他人の財産を，延いては自分の属する集団の財産を増やすことになる。財産を増やすのは自分のためであり，同時に他人のためでもある。それが矛盾しない。

　もちろんこれはひとつのイメージに過ぎない。しかし最も貧しい者，奪われた者が，その奪われたものを取り戻すために，社会変革の主体となるべきだという，マルクス主義の一変種に私は同意しない。資本主義の生み出した成果を享受して良い。情報化社会は資本主義の生み出したものである。その高度に発達した社会における，情報の所有論は私たちにとってヒントにはな

る。

　そろそろまとめに入ろう。人が支配や権力から解放されることを願うときに，単純に資本主義社会を否定して，社会主義になればそれで解決するだろうという楽観の中に私たちはいない。現実的にかえって，社会主義国家が著しい権力の偏りと，全体主義的な支配機構とを持っていたという歴史を私たちは知っている。そこから非所有や脱権力，さらには，脱主体に向かう気持ちも理解できる。しかし私たちは，もっと肯定的なことに踏み込むべきではないだろうか[3]。

　ヘーゲルの所有論において，所有は主客を結び付け，自由を基礎付けるが，それはまだ不十分だからとして，中項と中項を通じて接触できる他者の充実の必要性が考えられ，そこから所有論＝判断論は，推理論へと展開された。所有は中項と主客両項が自立し，充実して行くことによって，自らを超えて行く。

　資本主義の中で培われた諸個人の能力に期待すべきである。私たちはそこから脱出することはできない。貨幣を使用し，権力の行使—被行使という関係の中で，人は自由を感じる。それらが自由を保証している。その意義を認識することが，それらの限界を超えることにつながるのである。

　以下のようにまとめることも可能である。マルクスの解釈の帰結として，資本主義によって育てられたものを重要視するという結論は興味深い。私たちは資本主義制度の中におり，ここでも資本主義の様々な欠点，その最たるものは，私は格差の拡大だと思うが，それらを自覚しつつ，その意義を評価する以外に，私たちには道が残されていない。

　第二に，その資本主義の育成するものとしての民主主義もまた，不可避のものとして受け入れるべきである。上記の様々な説は，どれも民主主義にナイーブかもしれない。衆愚政治に陥るという欠点は直ちに気付かれるものだろう。3-3-2で述べるような，民主化がなかなか進まない場合や，後退する場合などがあり，他者に対しての非寛容も，民主主義の欠点と言うべきものかもしれない。そういう欠点がありつつ，しかし私たちはそれによるしかない。

このふたつに加えて，2-3-3に最後に書いた，ヘーゲルの普遍と個の観点に触れるべきだろう。ここから得られる結論は，リベラリズムの不可避性である。資本主義は，リベラリズムにその根拠をおき，そこから発展して，今度は個を育てる。ここでも私たちはリベラリズムの欠点を自覚しつつ，それ以外の道を持たないことに思い至るべきである。

●注

1) マルクス主義の文献は夥しいものがあり，また所有論はマルクス主義の根幹に関わるものだから，それをこの短い章でカバーすることは困難である。基本的な説明は，例えば，（渡辺憲正）を参照せよ。また，この中では，マルクス所有論では，次章で述べる所有と経営の分離という問題や，本書の主題である知的所有などの問題に，対処し得ないとしているが，私は，次章の吉田民人の論点を導入することで，十分にマルクスを使うことができると思う。

2) 市野川容孝は，この社会的な生産過程と財産の再分配に基づいた個人所有という論点は，ルソーとともにマルクスが示したものだとしている（市野川p.114f.）。その指摘は正しいが，その際に，ヘーゲルの弁証法では，「共同性が，私的なものへの解体という受難をくぐり抜けて，再生する」と解釈し，これをルソーやマルクスの考えと根本的に異なるものとしているが，これはヘーゲルに対するまったくの無理解を示している。本書が示すように，ルソーとマルクスの間にヘーゲルをおくことによってのみ，所有についての理解が可能になる。

3) 「前書き」で書いたように，所有論は大きく，ロックに関するもの，マルクス主義のもの，それから現代的所有論に分けられるが，これらは基本的に資本主義を肯定するもの，資本主義を否定して，社会主義を打ち出すもの，その両者に対して疑念を呈するものとなっている。それら三つに相互の対話がないと私は嘆いたが，しかしそれは当然のことであるかもしれない。

3-2　マルクス主義以後

　最初に吉田民人の議論をまとめる。これが，すでに述べたマルクス論の結論と合致する。

　マルクスの類個関係を整理し，集団の様々なレベルを確認し，その上で，所有の主体，客体の他に，所有内容という観点を打ち出す。さらに自律的，他律的所有という観点も出して，マルクスの問題意識と，その後の社会を捉えるための視座を提供する。

　結論として得られる，企業のような職能集団の重視，地域主義の重視，及びそのミックス，また，参加体制と委任体制のミックスという指摘は，すでに本書で述べてきたものである。

　これらは，とりわけ情報化社会において，つまり，資本主義が必然的に，消費化社会になり，それが情報化社会になるというだけでなく，所有を巡る様々な問題が社会の形態に合わせて変化し，行きつく所は，私の提唱する知的共産主義社会である。

　またマルクス主義解釈の歴史の中に，すでに非所有を志向する動きはあった。それをもっと一般化したのが，3-2-2である。さらに，リベラリズムの陥りやすい疎外態についても扱う。

　最後に，ルーマンのシステム論こそ，現代社会学の成果のひとつであり，ヘーゲルの動的な体系と，それに影響を受けたマルクスの構造変動論の現代的定式化を可能にするものである。それを3-2-3で扱う。

3-2-1　吉田民人の所有論

　吉田民人をまとめる（吉田3章，4章）。マルクス主義を現代社会学から解釈し，再編成する吉田の理論は興味深い。まずマルクスにおいては，類個関係が，あいまいかつ未彫琢であると彼は指摘する。そこではそもそも疎外概念が不十分で，類つまり共同性からの剥奪と個体性の剥奪が区別されていな

いと彼は言う。つまり，ある個人が疎外されているのか，ある集団が，またはある国家の成員全体が疎外されているのか，その区別がないと言うのである。本書3-1-2で取り挙げた平田清明の「社会的所有として再建される個体的所有」は，この問題に対する試みのひとつだが，吉田はそれを基にして，さらに整理する。必要なのは，まず個人から見れば類だが，国家や国家から見れば個的な存在である企業や地方自治体という中間集団をどう扱うかということ，つまり，類的主体のレベルの整理である。

　この問題意識の上で，所有についての整理を与える。そもそも所有とは，すでに本書において，ロック，カントを引用し，長々と論じてきたように，吉田もまた，人とモノとの関係と人と人との関係の二重性に求められると言う。対自然関係と対人間相互関係の相互媒介が，マルクスの基本的視座そのものだと言う。

　まず，所有は，所有する主体と所有される客体から成るが，さらにそこに所有内容という概念を加える。つまり所有される客体に対して，どんな内容の関係があるのか，それが問われる。そうして客体に対して，主体の自立的な関係行為の可能性という概念を導入することで，所有の内容が論じられる。具体的には，これは第一に，どういう意思決定の領域があるのか，つまり先のヘーゲルの用語を使えば，労働，使用，譲渡という領域のどこで意思決定がなされるのか，そして次に，どういう水準で決定がなされ，また最後にどういう局面で決定がなされるかということを考え，それらをまとめて関係行為の可能性の内容と言う。そうしてこの所有の内容が分割されているのが現代の課題であるとされる。例えば，マルクス以降の所有が論じられる際に必ず引き合いに出される「所有と経営の分離」という問題においても，ひとつの客体に対して，内容分割所有が実現されていると考えるべきである。このことはこの後に扱われる。また労働者の経営参加においても同様である。さらに，先の類的主体のレベルの分化，つまり国家と企業や地方政府などの中間集団という区別をここに導入すれば，それは集権と分権の問題となる。

　もうひとつの問題は，自律性と他律性の問題である。所有を多次元的に規定し，まず対象を完全に排他的に帰属するものを所有と呼び，不完全排他的

なら，それを準所有と呼ぶ。この両者が自律的な関係行為である。それに対して，対象に対して他律的な関係行為の可能性を非所有と呼び，まったく関係のない場合を無所有と呼ぶ。両者は合わせて不所有と呼ばれる。さらに自律的な所有だが，対象が空気や水などの希少性がない自由財の場合を脱所有と呼ぶ。

こうした整理の上で，自律的な所有だけでなく，他律的な所有の重要性も指摘される。一般にマルクス主義者にとって，所有構造の自律化は根本だが，吉田は，自律化だけでなく，社会決定に必要な情報処理能力を持った主体に，他律的に決定を委ねるシステムもまた必要だと主張する。労働者の自主管理，住民参加という自律的所有と並んで，間接民主主義という委任制度もまた積極的に評価すべきであると考えている。さらにその上で，集権と他律，分権と自律を内容分割所有のもとで統合することである。

結論を書く。所有される客体を国家や地方自治体，または企業など，さらには諸個人が分割して所有することがある。これは類個間客体分割の所有である。それから上で述べた，類個間内容分割の所有，つまり関係行為が，国家や地方自治体，または企業など，さらには諸個人で分割される場合がある。そしてこのふたつの複合体制に対しては，類個を媒介する中間集団として，企業のような産業主義的編成と地方自治体のような地域主義的再編のミックスが要請される。最後に，参加体制と委任体制の，つまり自律と他律のミックスも要請される[1]。

以上の吉田の整理には全面的に賛成する。私は，これをロック，カント，ヘーゲルを経た所有概念の再検討と，そこから出て来た知的所有の整理から，同じ結論に至りたいと思う。

まず，所有理論を振り返ってみる。所有を考える際に，生産力中心の時代においては，ロックもカントもヘーゲルも，その発想の根底においているのだが，労働が所有の基本的な概念になる。それが消費化社会では，使用が所有のキーワードとなる。作れば必ず売れる，つまり労働力に見合った限りで生産がなされて，生産されたものはすべて消費された時代から，作っても売れなくなって，それを無理やり売る時代が消費化社会である。どのくらい生

産できるかが問題ではなく，どのくらい消費を促せるかが問題となる。つまり，無理やり消費をさせる段階が消費化社会である。需要と供給の関係で言えば，現代社会では，常に供給過多であり，多めに作っておいて，売り切れる可能性を減らす。そうして需要に応え，さらにその上で，今度は，その需要そのものを作り出して，売って行く。その際に必要なのは，広告である。必要以上に，あるいはその必要性そのものを無理やり作り出すためには，消費者にその気にさせる広告が必要である。かくして，消費化社会は，必然的に情報化社会になる。そして，情報化社会では，所有概念の根本は，譲渡である。情報を所有しているというのは，どのくらい，情報を生産し，それを使用できるかということだけでなく，その情報を譲渡できるかどうかが問題となる。私たちは，誰かの書いた小説を，友だちから，または図書館で借りたりして読むことができるし，必要な分だけコピーすることもできる。またそれを引用して，引用先を明示すれば，自分の論文に使用することもできる。しかし，それをコピーして販売することはできない。つまり情報を所有しているということは，それを譲渡する権利を持っていることに他ならない。

　そして知的所有においては，譲渡しても，自分の所有が減らず，むしろ増大する。そのために，これを経済的に生かせば，原理的には無限に儲かる。その特殊性は，以下，3-3-1で論じられる。

　同時に，所有が，吉田が言うように，一方で内容分割所有があり，他方で，準所有，非所有，無所有，脱所有とあって，その特殊な形態として，共同所有がすなわち，個人所有であるということもあり得る[2]。知的所有を導入すれば，それは簡単に実現する。

　さらに論ずべきは，先に述べた「所有と経営の分離」という問題である。これをあらためて論じなければならない。バーリーとミーンズの『近代株式会社と私有財産』において，株式保有者が大衆化，素人化して，ひとつには，会社支配は株式所有者ではなく，経営者に移ったという指摘がされる（Berle&Means）。これは疎外，階級というマルクス主義の問題の中で議論されるべきである。つまり資本家とは誰かという問題に他ならない。それは会社を所有している人ではなく，経営している人なのである。そしてその経

営も組織で行われるし，労働者の経営参加もなされる。つまり先に論じたように，所有の内容の面で，分割されている。つまり，多くの人が，その経営＝所有に関わっている。

　もうひとつは，株式保有者が大衆化し，株価が大衆の予期で動くようになる。これはケインズが論じていることである（ケインズ）。『雇用，利子および貨幣の一般理論』第12章において，株価は素人の群集心理に左右され，著しく不確実な状況に陥る。さらに株から為替にと，扱う金額が大きなものへと，投機の対象が移って行く。この価格の変動が扱われるべきである。3-3-1bでは，高安秀樹の議論が参照される。また，その制御のために，世界システムを考案する必要が出て来るが，それが3-3-3の議論である。

　3-3-1は直接的に知的所有の問題である。さらに情報化時代の所有論が扱われる。3-3-2はカントを受け，所有論が平和論に帰結することが論じられる。3-3-3は今，述べた通りである。しかもこれが平和論に寄与する。以上，3-3の三つの各節が，マルクス主義とマルクス以後から出て来ることを説明した。

　以上三つの問題が同根であることは少しく説明が要る。つまり，知的所有は，その対象が情報であり，従って情報とは何かという問題が議論されねばならない。また，金融の問題は貨幣の問題で，平和論はネットワークの問題である。情報と貨幣とネットワークと，いずれもモノを離れて，抽象化され，従って，それらに対する議論も，メタレベルのものが必要となる。同根というのはそういうことである。

　一方で，所有の対象も，複雑である。吉田の類個関係は，個人と国家の間に，中間集団をおいて，それがどのように所有に関わるかを整理している。私的所有と共同所有という二分法ではなく，様々な形態の所有を示唆している。それは有益なものだが，しかしさらに，個人がどのように発展するのか，またこの発展が類の発展につながるという視点がないと，政策提言ができない。また個人を最終的に発展させるには，様々なレベルでの格差是正と，平和は必要で，それが本稿の最終的な目標となる。また，それが3-3章の課題である。

3-2-2　所有論の現代的な疎外態について

　所有論の疎外態というべき理論があり得る。これにはふたつある。
　自己は他者との関係を必要とし，他者の他者として成立し，さらにその他者との関係を自己の内に持つことによってのみ，主体として確立するのだが，その際に，ひとつは自己が他者との関係の中に溶解してしまい，自己として成立しないということがあり得る。あるいは意識的に主体化を拒み，他者との関係のみを残そうとする場合もある。
　所有が人とモノとの関係であるだけでなく，人と人との関係でもあり，そのふたつの関係は相互に媒介されている。その際に後者の関係のみを残し，それを主体へと収斂させないで，他者の存立のみを重視するということがあり得る。そうなると当然，所有も正当化されない。また，所有の対象がモノから生物へ，そして他者へと移るということはすでに説明した。その際にも，同じことが起きる。
　熊野純彦については，2-1のヘーゲル論の（注3）で扱った。彼は，所有の成立するぎりぎりのところまでを見極めて，非所有を示唆し，主体化の論理に本質的に他者性が入り込んでいることを指摘する。それは所有を超えた，また主体に収斂して行かない思考方法を示唆している。実際，熊野純彦の，哲学史を踏まえ，非所有を声高に叫ぶのではなく，所有と非所有の「はざま」を見て行こうという姿勢には，その柔軟な思考力が感ぜられて，所有に捉われている私たちのこわばりを少しずつほぐしてくれるように思われる（熊野2002,2003）。また，3-1-1で，非所有を志向する所有論として取り挙げた鷲田清一にしても同様である（鷲田）。彼は，他者を所有できないだけでなく，本当は，モノや自然すら所有できないのではないかと問いかける。あるいは，柄谷行人も，1-3-3で扱ったように，主体化を拒み，その結果，代議制の否定と貨幣の止揚を夢見る（柄谷）。これもここで扱うべき考え方のひとつの例となる。
　立岩真也については，その大部の『私的所有論』よりも，簡便な「停滞する

資本主義のために——の準備（抄）」（立岩 2006）に，その考え方が分かりやすく出ている．

まず，自ら生産したものについては，所有をして良いとする私的所有の正当化について，何の根拠もないものだと立岩は考えている．ここが根本である．この考えの根拠は，先に書いたように，所有には必然的に他者との関係性が入っているのだが，そこでその他者との関係のみを残して，自己の成立を考えないということにある．言わば，ここには他者しかいない．そうして主体化とは，近代社会が人の生産力を高め，消費を促すための装置にすぎない．人を無理やり働かせるために作りだされた，仕掛けにすぎず，それは，資本家が消費の扇動をし，政府が景気対策を煽るが，それと同列のものにすぎないと考えている．

さて，この考え方に私は全く同意しないが，ここから得られる帰結は，奇妙なことに私のものと似ている．無理に生産性を高め，消費を促すのは無駄なことであり，必要なのは，分配であり，傾斜配分である．つまり必要なもののひとつは収入の少ない人たちに対しての社会保障であり，もうひとつは，多くの人に仕事を分割，分配するための，いわゆる（マルクス主義の議論で使われた言葉で言えば）「時短」，ないしは（今の言葉で言えば）ワークシェアリングである．これだけで良いというのが，立岩の結論である．

私はヘーゲル的な主体化を主張する．その主体は，本来的に他者との関係の中で生まれるものだし，現実的に他者と所有を巡って，様々な関係を持つし，また最終的には，その主体化を通じてしか，社会の発展はないとされるものである．しかしこの主体は，可塑的であると同時に，有限であり，諸個人間の仕事の能力には大きな格差があるし，またその能力を発揮できる環境に恵まれているかどうかという点でも差がある．そして所有は，社会の中でのみ，つまり社会の中での議論によってのみ正当化されるものだから，仕事の成果に応じて，分配される必要はなく，社会の発展は，諸個人の発展によるしかないということを確認して，どの個人もその能力を発展できるよう，十分な社会保障は必要だし，また誰もが個性を発揮できるよう，環境は確保すべきで，従って，仕事の分割，分配をすべきだということになる．この限

りで，立岩真也の結論と重なる。まして情報化社会では，必然的に格差が大きくなること，そして社会が諸個人に要求する仕事が減ることは，次の節で明らかになる。つまり稼ぐ人は稼ぎ，仕事のない人はまったく仕事がないという社会が到来する。そうしたときに，その格差は，社会保障と仕事の分割，分配によって，是正されねばならない。

　あり得べき疎外態について，もうひとつの考え方は，自己が他者との関係を本質的に含まないで成立してしまうというものである。また所有についても，人と人との関係を捨象して，人とモノとの関係だけで成立すると考えてしまうものである。

　これは，リベラリズムが陥りやすい穽である。J.S.ミルはその『自由論』の中で，リベラリズムの原理について，簡潔に次のように述べている。「人類がその成員の誰かひとりの行動の自由に，個人的にせよ，集団的にせよ，干渉することが，正当な根拠を持つとされる唯一の目的は，自己防衛である」(Mill p.15=p.24)。これは人に迷惑がかかることが明らかなときは，その人は自己防衛のために，相手の行動に干渉して良いけれども，そうでないときには，相手が自由に行動するのを妨げてはいけないというもので，これをパラフレーズすれば，人は「他者に迷惑をかけない限り，何をしても良い」ということになる。これをJ.S.ミルの原理と呼ぼう。そして現実の社会では，人の行動は，すべて他者と関わっているから，他者に迷惑をかけないことは，この世界ではあり得ず，何をしても他者に迷惑をかけていると思うべきだ。私はさらに，この「他者に迷惑をかけない限り」という言葉を，「ミルの但し書き」と呼びたい。つまり「他者に迷惑をかけない限り」というのは，原理的にあり得ないけれども，一応思考実験として考えておくということである。近代物理学では，ある物体の運動を考えるとき，その物体に地球からの重力や，様々な他の物体間に働く電磁力やら，空気中の分子からの摩擦力が働いているが，一旦そういう力を無視して，真空空間の中に物体があると仮定して，運動方程式を立て，その上で，他の諸力を考慮していく。それと同じように，一旦他人が周りにいないかのように考えて，個人がどう行動するかを考えるのが，リベラリズムである。その際，ミルの但し書きを軽視すると，

人は法を犯さない限り，何をしても良いということになってしまう。これが，リベラリズムの陥りやすい罠である。

　この「ミルの但し書き」という言葉は，ノーヅィックが「ロックの但し書き」と言ったのに倣って使いたい（これは，1-1で扱った）。ロックは，個人が労働すれば，その生産物はその個人のものだと考えたが，その際に，自然法は遵守しなければならないし，他人のことも考慮しなければならないし，また自然は大切に活用しなければならないと考えたが，この後者ふたつを，「ロックの但し書き」と言う。ところが，ノーヅィックはこの「ロックの但し書き」を軽視してしまった。そこがノーヅィックの根本的なミスとなる。1-1では，ノーヅィックの主張は一貫しており，私の彼に対する批判は，その論理展開に対してではなく，他者を含まないで自己が成立するという，彼の所有論の前提と，そこから帰結される社会構想に対して向けられている。そしてそれはそもそものロック解釈が間違っていた，つまり「ロックの但し書き」を軽視し過ぎてしまったことに起因する。

　リベラリズムは，J.S.ミルによって定式化されるけれども，その原理はすでにロックにあった。1-1の三つの節で，私的所有の正当化の上に，人格が形成される。ここにリベラリズムが基礎付けられる。ただし，この基礎付けは，直ちにその個の可能性，可塑性のみならず，その有限性も確認するものである。つまり，その不可避性とともに留保が，その意義とともに限界が確認されている。

　補足的に言えば，そのノーヅィックを受け，リバータリアン的結論を修正するために，ロックの「但し書き」を重視し，平等原理を導出するものもある。これが左派リバータリアンであるが，これに対しては，私は1-1で，次のように批判した。つまりそもそも矛盾する自己所有権原理と平等概念を両立させようとし，しかしそれに成功せず，その結果，そこで提出される社会構想が不十分である。またそれは逆説的に，自己所有権原理の持つ不十分性を明るみに出してしまった。

　私は平等原理を何の基礎付けもしないままで，打ち出すことに対しては疑問を持っている。上で述べたように，誰もが個性を発揮できるよう，社会が

配慮すればそれで良い。それはかなりの程度の平等化政策を事実上要求するが，平等という原理を求める訳ではない。

ルソーは『社会契約論』で平等概念を提出するが，それは，「すべての人がいくらか持ち，しかも誰もが持ち過ぎない限りにおいて」[3]と言っている。この程度の平等が，個人所有が所有の根源である限り，その所有論の帰結として出て来るだろう。

3-2-3　システム理論における普遍と個別

ヘーゲルの論理とシステム論は，私の整理では，良く結び付く。ここでシステム論というのは，ルーマンの理論をその代表と考えている。まず，ルーマンの整理が必要である[4]。

ルーマンのシステム理論において，重要なのは，システムとシステムの関係である。今まで，システムと要素と考えられたものが，システムと他のシステム，またはシステムとその環境という観点で考えられるようになる。個人というシステムと他の個人システムの関係，個人システムと社会システムの関係はそのように考えねばならない。個人は社会の要素ではない。社会システムは，生成消滅するコミュニケーションから成り立っている。諸個人がコミュニケーションをし続けることで，ダイナミックな安定性を得る。一方，心的システムは，意識を要素とする。

そのことを考える前に扱うべきことは，これらのシステムは，すべて閉鎖的であるということである。この閉鎖システムとはどういうことか。ルーマンを引用する前に，心理学者の浜田寿美男の説明を使えば次のようになる。モノが見えるというのはどういうことか。モノに当たって跳ね返った光が眼のレンズを通って屈折し，網膜の上に移される。それが神経電流に変換されて，視神経索を通って後頭葉に運ばれ，モノが見える（浜田 p.64）。ここでもちろん，モノが直接目の中に飛び込んでくるのではない。網膜の上に刺激があり，そのことによって，私たちの体の外にモノがあると認識する。

触覚でも同じである。モノは私たちの身体の外にあると私たちは感じるのだが，しかし実際には，皮膚の表面の触覚器官がそう感じているに過ぎない

(同 p.65)。「ただの物質にすぎない脳には,〈内〉とか〈外〉とかという心的現象の入る余地はない」(同 p.68)。ただ神経システムは,自己内で生じている刺激を,外にあるモノの像だと思う。神経システムそれ自体は,外にあるはずのモノを直接確かめることはできないのだが,神経システムは,実は唯物論者であって,神経システムという閉鎖的システムの中で生じている像を外にあるモノの像だと信じている[5]。

　個人の心的システムについては,ここではこれを神経システムとして論じているが,これはヘーゲルの観念論そのものである。外部を内部に直接取り入れるのではない。内部に外部の反映物を作り出す。意味付けをして,内部に外部を作り出す。つまり,この神経システムは,外界を直接神経システム内部に取り込むのではなく,あくまでも,その作動は内部で閉じられているが,しかし外部に実体があることを確信している。

　さて以上は,心的システムの閉鎖性を,神経システムから説明をしたが,このようなものとして考えるべきである。その上で,一般にふたつのシステムの関係を考える。

　ここでルーマンは「相互浸透(Interpenetration)」という概念を出す。それは「あるシステムと他のシステムとが交互に他方のシステムの環境の一部となっている,そうしたシステムとシステムの間に成り立つシステム間関係」(Luhmann1984 第6章第2節)のことである。それが個人と社会というシステムについて当てはまると考えている。

　この考え方をもう少し詰めて行こう。以下,『社会システム論』の「社会化」概念を確認する (Luhmann1984 第6章第8節)。

　社会化とは,心的システムと他の心的システムの間の,または心的システムと社会システムとの間の相互浸透によって,ある心的システムが形成される過程のことである。

　心的システムは心的システム独自のダイナミズムで変わって行く。自己言及的に再生産される。つまり,心的システムは自らの意味把握能力を高めることによって,社会化を加速する。

　ルーマンはこう言っている。「人々の心理システムとそれによってコント

ロールされる人間の身体的行動が，(心的システムと他の心的システムの間の，または心的システムと社会システムとの間の)相互浸透を通して，作られる過程を全部ひっくるめて，社会化と言い表わしたい((　)内は筆者)」(ibid.)。ルーマンはこの文に続けて，社会化は，良い結果をもたらす事象ではないと断っているし，教育とも異なる概念であると言っている。

　ルーマンの社会化概念をまとめた田中智志は，次のようにこのあたりをまとめている。これは個人から見て，社会規範を個人の心に内在化させることでもないし，社会から見て，有用な人材を作ることでもない。個人は個人で，社会は社会で勝手にやって行くしかないのだが，それをうまく両者折り合いをつけるということである。あるシステムは他のシステムに直接入りこむことはできない。それぞれシステムが自分で，自己変化するしかない。社会化は，従って，教育とは異なる。教育もひとつのシステムであり，それは，教育者と子どもとの間のコミュニケーションのシステムである。教育とは，教師が，子どもの自己創出を認めること。それによって，教師と子どもの相互浸透があること。それぞれふたつの意味システムが，それぞれ相手を認めて自己創出することである(田中・山名 第1章)。

　さらに続けて，この心的システムの自己創出性は，構築性と個体性というふたつの特徴を持つと田中は言う(同 第9章)。構築性とは，個人が生成するということであり，個体性とは，他のシステムと代替不可能なことである。私はこれを個人の可塑性と，有限性と言いたい。可塑性は個人がこれからどう発達するかということだが，同時にそれは，そこにそもそも個として存在するものであって，他のものではなく，他のものに自らの力でなり得るが，現在あるものは現在あるものでしかないということである。

　さて，ルーマンの遺稿(Luhmann2002)では，相互浸透ではなく，次のようになっている。ここでは構造呼応(structural drift)という言葉が使われる。自己生成システムは閉鎖的なのに，つまり作動に関して環境との接触を持たないのに，なぜ環境に適応し，そのように特殊化された構造を形成するのか，それを説明するのがこの言葉である(Luhmann2002 第1章第3節)。この方が，システムの閉鎖性の理解がしやすい。

このようにも説明される。つまり心的システムは、それ固有の記憶を生産し、再生産する。そこに人格という、社会的に記憶が帰属するとみなされた、心的システムの短縮された形式が、導入される。その人格は、社会というコミュニケーションシステムの中で生み出された構成物である。一方で、心的システムの側でも、社会システムの写像を、心的システムの内部に作り出すが、これが社会化の成果である。社会システムの側では、社会化された人格が心的システムに相当するものとして社会システムの内部にあり、心的システムの側には、社会化された結果生じる社会の像がある。どちらのシステムも作動において閉鎖的で、しかしこのように、自己内部に他者を持ち、その複雑性を縮減しようとする。

さらにルーマンは、先の「相互浸透」という概念は、パーソンズのものだと断り、この概念でも構わないと言いつつも、しかし個人の心的プロセスと社会システムとは全く別のシステムであり、自己の内部における他方のシステムの複雑性の縮減だけが問題であると、論点を明確にしている。そしてそれをわかりやすく表現するには、「オペレーションの閉鎖性」と「構造連結(strukturelle Kopplung, structural coupling)」という表現が良いし、さらに「オペレーションの面で閉じられた心的システムがどのようにして社会システムというシステムとの構造連結に反応するか」ということが問われるときに、構造呼応が生じ、心的自己の可塑性が社会に適応できる構造を選ぶとしている（同 第2章第1節）。

以上の観点を今までの文脈と対応させよう。文字はまさに意識の心的システムとコミュニケーションの社会システムの中項である。文字が読めるということは、両システムの中項を充実させられるということである。かくして個と社会の両システムが充実する。

心的システムから見て、自らの主体内に、文字を媒介に、他者を作り出し、その自己内で自他関係ができる。そうしてその自己内の自他が充実することで、自己の外にあると想定されている他者に影響を与える。そういう仕組みになっている。

一方社会システムの方でも、その中に個人システムに相当するものを作り

出し，それで社会システムが機能する。この観点がルーマンにある。個人システムの側については十分に考えられている。同時に社会の側にも個人が位置付けられる。

　もう少しルーマンを引用してみる。「あるシステムは，自らの自己創出的な再生産によって，自己がオペレートする領域に適応している場合だけ，自身の固有の構造によって，自己を規定し得る。しかもそのシステムは，自身の構造が不断の構造連結によって，環境との接触を保つ限りでのみ，自己の固有のオペレーションを継続していくことができる」(Luhmann 1995 p.40=p.61)とルーマンは言う。そして続けて次のように言う。「社会的なコミュニケーションの進化は，意識状態との絶えざるオペレーションの連結によってのみ可能である。この連結は，まず言葉によって，それから文字と，遂には書籍印刷による目覚ましい効果増大によって，達成された」(同 p.41=p.63)。

　最後に確認すべきは以下のことである。私は，類というシステムと個というシステムの関係を，DNAの比喩で扱った(2-3-2)。ルーマンのシステム論は，これを改良したものではないか。個と社会システムは要素を共有しないが，しかし両者は相互浸透，ないしは構造呼応する。

　さて，その2-3-2節と次の節で，私は精神と生物の違いについて言及している。生物は類個関係の論理を持っているが，そしてそれはDNAの比喩で表せるが，しかし生物はそれを自覚していない。この自覚の有無は重要で，それが無限性につながる。ルーマンのシステム論ではそこまでの言及がない。

　ルーマンは，相互浸透と言い，構造呼応と言う。ふたつのシステムは相互に影響し合う。そこまでは良い。ここでこれをヘーゲルの論理と比べる。直ちに言えるのは，これは市民社会の論理だということである。2-3-3の議論をここで思い起こすべきである。市民社会というシステムと個人というシステムの関係ならば，まさにこれで説明が付く。しかし国家というシステムは，諸個人に死を命じる。そうすることで，両システムが充実する。これが否定的自己関係である。個の否定的自己関係があるかないかが，市民社会の論理と国家の論理を分ける基準となる。そうして私もヘーゲルに倣って，この観

点がなければ，それはやはり，社会構築の論理として，不十分であると考える。

　私はさらに，その論理は国家でなくても，まさに世界史という類そのものでも成り立つし，しかもそれこそが最終的な類個関係であるとした。類は諸個人の死を要求する。死すべき存在であること，つまり自らが有限な存在であることを自覚して，だからこそ，類というシステムに関わる。自らの有限性が類を要求し，一方類は，自らの存続のために，諸個人に対して，死を要求する。戦争によらなくても，人は死すべき存在であると私は書いた。その死は精神の誕生のためには，必須の条件である。これがヘーゲルに言わせれば，国家の論理であり，私はヘーゲルの意を汲み取って，それは世界史の論理であるとした。

　ルーマンのシステム論を超えて，ここまでヘーゲルの論理を必要とするのだろうか。ひとつには，これが情報化社会の論理だということ，情報化社会において，諸個人と社会はそのような関係にあるということ。つまり，諸個人の有限の自覚が，諸個人の，精神という無限の活動に入るための根本的な条件になっていること。もうひとつには，戦争を克服する論理を私たちは必要としているということである。これはヘーゲルの論理を私たちは必要とすること，そしてそれは修正されたものでなければならないということを示している。

　以上，個人というシステムと社会システムの関係が明らかにされた。これは以下の議論では，具体的には，3-3-2b で論じられる識字率と民主化の話でもある。識字率がなぜ民主化につながるのか。個的システムの中に，社会が位置付けられる。同時に，社会の中に，諸個人が，十分意識を持って政治に参加できるものとして位置付けられる。それが民主化の条件となる。

　一方で格差と非民主化が議論になり，平和について議論がされる。それらは，何よりも，個の発達を促す。そうしてそのことによってしか，類の発達はない。個人システムの充実が社会システムの充実を促す。これがシステム論の帰結である。

●注

1） IT（情報技術）の発展に伴って，ITを使った直接民主制の可能性について，議論が出始めている。確かにITを使えば，直接民主制の持つ物理的困難は解消される。しかし，より根本的な問題は，諸個人の持つ政治参加の能力の差であって，すべての個人が平等に政治参加の能力を持つという前提に基づき，直接民主制ですべての問題を解決しようとするのは間違いである。これも所有の問題と考えるべきであり，吉田が言うように，自律と他律と，様々な所有形態があり得，つまり参加体制だけが望ましい政治の関わり方であるのではなく，直接制民主主義と代議制民主主義とのバランスが必要である。

2） この議論は，3-1-1 の平田，福富の議論とはレベルが異なる。原理的に個人が共同体の中で位置付けられて，その所有の具体的な形態が決まるというのが，先のマルクス主義者の議論であり，ここでは，さらに，知的所有においては，具体的な形態において，個人所有がそのまま共同所有になっている。

3） このことは，1-3 の（注2）でも引用した（Rousseau 第1編第9章の注他）。

4） システム理論については，（高橋2001 第7章）にある。しかしこれは，1995年に書かれたものであって，それ以降のルーマンの著作に触れていない。

5） 浜田は，生まれたばかりの赤ん坊や，重度の障害を持った子どもはそうではないこと，つまり目を開けているのに，モノが見えない，外のモノが外のモノとして把握できないことがあり得ることを論じている（浜田）。

3-3 所有論の可能性

　この3-3章に限って，各節(3-3-1, 3-3-2, 3-3-3)の中に，項(a項，b項，c項)を設け，各節を独立させる。今まで，章毎におかれた冒頭のまとめは，ここでは，各節の冒頭におかれる。

3-3-1 情報化社会の所有論

　aにおいて，2-3のヘーゲルの知的所有論を受け，まず，現代の知的所有論として，レッシグのものを挙げる。これは興味深い知見を提供している。知的所有権は，生産者に帰属するが，しかしまたその使用者の権利も守られなければ，次の生産物が作られない。誰もが自由に知的生産物を活用できるよう，配慮しないと，社会は活性化しない。

　続いてbでは，情報化社会では，必然的に格差が大きくなることを証明する。ここでは再び数理モデルが使用される。そしてその結果，cにおいて，そもそも人はどの程度の所有をして良いものか，また所有に対しての制限が正当化されるのか，さらには，本来的な所有のあり方はどうなっているのかということが議論される。

a. 著作権への制限

　2-3-1のヘーゲル『法哲学』の議論から，いくつか得られることがある。著作権は正当に評価されるべきであるが，しかし，時限を区切られるべきである。一般の物件ですら，時効がある。つまりその物件を使用せず，かつその所有者であるという権利を主張し続けなければ，時効を過ぎてその所有権は失われる。まして，社会の中で役立つことによって，その価値を表す著作権は，よりその時効が他の物件よりも短いものであって良い。

　第二に，著作権によって，著作家が利益を維持するのならば，その意思表示を常に明示する必要がある。本来著作は社会のものであり，一時的に著作

家のものに過ぎないと考えるべきであろう。いつまで個人のものかということは，その最高限度を法が決めるが，それ以前でも，著者が積極的に意思表示しなければ，社会のものにすべきである。

　以上から，アメリカの法学者レッシグの主張と同じものが得られる。知的所有物は，創案者にその所有権が帰するが，知的所有物を使用する人もまた自由に，その小説なり，音楽なりを活用することができる。レッシグは，現行のアメリカの知的所有権について，さらに自由主義経済を促進し，諸個人の創造力を高めるためには，もっと知的所有者の権限を少なくして，共有部分を大きくした方が良いという主張をしている。つまり資本主義経済の効率を高めるためにも，知的所有権については，もっと共産化した方が良いという逆説的な主張をしている。

　具体的には，その主張は次の通りである。アメリカの現行の著作権は著者の死後70年であるが，レッシグはそれを，著作権が発生してから5年の期間として，もし5年後にさらに所有者がその権利を延長したければ，延長手続きをし，最大15回までの延長を認めるというものに変えるべきだと主張している[1]。そして，実際にアメリカ議会に働き掛けている。所有者が意識的に所有権を主張する限りで，その権利は所有者のものであるが，権利を主張しないのならば，あとは共有にすべきであると言うのである。本やレコードも売れるのは最初の数年であり，そこで著者や作曲家は十分利益を得られるだろう。私的所有は肯定されるべきであるが，不必要にそれが保護されすぎると，社会にマイナスだと言うのである。

　レッシグ三冊目の大部の『Free Culture』（邦訳の題名も原著と同じ）では，前著『コモンズ』で論じたように，ディズニー自身がその創造的な物語を展開するのに，過去の遺産を参考にしているはずだが，しかし，ディズニーのアメリカ議会への働き掛けが功を奏して，アメリカでは，著作権は延長され，著作権の適用範囲も広がり，インターネットの複製は厳しく制約される。そのために過去の成果が活用されにくくなれば，これは革新も創造もしにくくなる。こういう主張をしている。

　主張のふたつ目は，著作権延長法を違憲とする訴訟にレッシグ自身が敗訴

するが，その詳細な分析と，今後の方針の確認である。様々な実践的な案が出されており，日本でも支持され始めていると思う。一方で，日本でも，著作権を延長しようという動きがあり，それに対しての反対運動も広がっている。レッシグの具体的な影響は相当に大きい。

　私はレッシグの主張は，全面的に正しいと考えるが，議論の力点が，私のものと少し異なる。レッシグは抽象的な自由とは何かという話はせず，現実にアメリカで著作権を保護し過ぎているために生じる弊害と，それを克服するための対策を具体的に論じる。しかし，抽象的な考察も本当は必要で，というのも情報化時代の所有は確かに特殊なものではあるが，しかし所有一般が持つ特徴をより鮮明に明るみに出しているという面もある。その点は考察すべきである。

　ひとつは，著作権の所有だけでなく，使用する側の所有権も重要だという視点である。つまり著作物を読者の側も使用する権利を持っているということである。この，利用者の自由を保護するという視点が，レッシグにおいても，革新，創造を促し，延いては，経済活動を促進するためということで説明される他，個人の自由を守るためという理由で必要になってくる。つまり使用者が，創造者に対しては敬意を払いつつ，自由にそれを自分のものとすることが保障されていないと，知的活動は活発にならない。しかしこのことはもっと一般化して良く，ロックにおいても，所有物は適切に使用されねばならなかったし，ヘーゲルにおいても，使用されるかどうかが，所有の現実的な定義となり得た。

　またそこからさらに，著作物というのは他人が使用することで活かされるという観点が得られる。つまり，著作家は著作物が他人に利用されることで，その仕事の意義が評価される。つまり彼は他人が自由にその著作物を使用することで，自ら自由になるのである。自分ひとりが自分の作ったものを所有することで，つまり自分ひとりが使うことで自由になるのではなく，他人に使ってもらって，自分が自由になるのである。そういう観点が必要だ。だから他人が使いやすいようにするというのは，著作権の場合の根本にあるべき考え方なのである。その根本の上で，経済的利益を得る自由についても考慮

すべきであろう。ここで、使用者と著作家と双方の個人の自由ということが確認される。

先の吉田民人の類個関係論を受け、知的所有権については、個人と様々なレベルの共同体とが、複雑な分割をしていると考えるべきである。とすれば、特定の個人や法人に、その所有権が全面的に帰る訳ではない。また、所有権の価値、つまり、その印税や特許料がどのくらいの割合なのかとか、その権利の及ぶ時期がどのくらいかを、市場が決めるものでもない。公共の利益を考えて、国や地方政府レベルで議論をし、決めるべきである。

この、知的所有においては、共同所有がすなわち個人所有であるという点については、それは内容分割所有のひとつの特殊な例と考えるべきだし、また自律的所有のひとつの特殊形態としての脱所有の問題としても考えるべきである。知的所有は、情報を作り出して、その所有権を持つ場合と、情報を受容し、自分のものとする人と、二通りの所有が論じられねばならない。前者すなわち情報の創造者はしかし、必ず情報の受容者である。ある情報を作り出し、その情報の所有権を所有する場合、先人のたくさんの情報の世話になっており、それは内容分割所有と言うべきである。また情報を受容する場合、それは排他的でないから、脱所有と言うべきである。レッシグに倣って、知的所有を共同所有にしようと提案するのは、情報の創造者の所有権をフリーにしようということである。それはそもそも受容が排他的でないのだから、その受容の上で、創作をしたいと思い、情報の創造者となった場合にも、その所有権も排他的でないようにしようということである。

ヘーゲルならば、ここで否定的自己関係が成り立っていると言うだろう(2-3-3と3-2-3)。有限な自己が先人の長い伝統の中で仕事をする。これこそが知的所有の活動である。

b. べき法則と格差

情報化社会の進展に伴って、情報化社会を記述すべく、数理理論が発達して来ている。とりわけここでは、ネットワーク論の進展と、その帰結である、べき法則に示される格差論も紹介する。

まず、バラバシとアルバートによる理論（以下 BA 理論）を紹介し、その解釈をしてみたい。バラバシはその刺激的な本『新ネットワーク思考』を、ローマ時代にいかにキリスト教が広がったかということから始めている（Barabási）。いかにパウロがネットワークの構造と、そのつながり具合を熟知し、活用したかということがここでの問題である。BA 理論は、そのネットワークの構造とつながり具合を調べるために、シミュレーションを行い、その上で、その特性を説明して行く。私はその理論が、それ以前のネットワーク理論とどう異なるのか、またどのような利点を持つのか、順に解説して行きたい（Albert&Barabási、増田 & 今野）。

ランダム・グラフ（Erdös-Rényi）がネットワーク理論の最初と言って良い。これはネットワーク内にノードがあり（このノードは諸個人と考えて良い）、ノードとノードの間が、離れているか、近いかに関係なく、そこにリンク（人と人とを結ぶコミュニケーション）が結ばれるというものである。そこでは、第一に、すでにノードの数は一定である。しかも第二に、すべてのノードは対等だとされ、リンクは、ランダムにノード間で結ばれる。この理論の後に定式化され、かつ本書 1-2-3 で詳述したパーコレーション理論では、正方格子上を隣人とのみリンクできるという設定であったが、ランダム・グラフの方が、設定から言えば、より現実的である。また、ボンドパーコレーションモデルは、基本的にノードを考えず、リンクのみを考え、どのくらいリンクの伝達性があるかということを考えたモデルであったが、ここでは、サイトパーコレーションと同じく、ノードに視点を当てる。そしてノードのクラスターを考え、そのクラスターの大きさで、伝達性を考えて行く。

パーコレーション理論は、確率モデルとして、様々な形態で、また二次元だけでなく、三次元でも考察されて、理論が精緻化されるが、同時に、ランダム・グラフも一般化されて、その理論化が進む。そうしてその次に現われたのは、スモールワールド理論である（Watts&Strogatz, Watts）。これは、その結論だけを簡潔に書けば、世界中のすべての人々は、クラスターでつながっているというものである。例えば、私はアメリカに友人がいて、彼は、ある下院議員の秘書と知り合いであり、その秘書はブッシュ大統領のすぐ近

くで働いている友人を持っているという具合に，ブッシュ大統領と私とは5人位のリンクを経て結ばれている。このように世界中の人々が，間接的に結ばれているという理論である。

　さらに，これらの理論を経て，興味深い研究がなされている。それは，私見によれば，マルクスの階級間格差の指摘を受け，その後の情報化社会の中で，より深刻になった現象を説明する。それは次のようなものである。まず，先のバラバシたちのしたことは，上述のランダム・グラフ理論に対して，第一に，ノードが成長するという仮定の導入である。第二に，リンクされるノードは，ある種のものが優先的に選択されるとしたのである。これは，すでにたくさんのリンクを張っているものが選ばれやすいという前提を作る。こうしてできたものが，スケールフリーと呼ばれるネットワークである。

　つまりゲームに参加する人がノードで表されるが，それが次第に増え，そしてそのノードはリンクをたくさん持つが，その個々のノードが持っているリンク数には格差が生じる。そしてその格差が一旦生じたら，あとはどんどんその格差が広がるという設定にする。すると，その格差の拡大は，予想を超えたものとなる。これが有名なべき法則である。

　このべき法則とは次のようなものである。先のフリースケール・ネットワークで，ノードで表される個人は，次数 k の，リンクで表される人間関係を持つが，その k の人間関係を持つ人が，全体の中で何人いるか数えてみる。その割合を表にすると次数分布が得られる。ここで注目すべきは，その k の次数分布のばらつきが非常に大きいということである。k の次数を持つ人の数はある程度まで増えるが，その後急激に減る。つまり人間関係が，例えば，10人程度の人が一番多いとすれば，10人を過ぎて，30人の友人を持つ人の数はずっと少なく，さらに100人の友人を持つ人だと，急激にそういう人は減っていく。この減り方が，べき法則に従う。つまり x 軸に次数 k を取り，y 軸にその次数の人の割合を考えて，グラフを書くと，それは，k の3乗分の1のグラフとなる。

　一般に，k の r 乗分の1という式で現象が表せるとき，べき法則が成り立っていると言う。BAモデルは，簡単な式で，多くの現象が，k の3乗分の1

の割合で減少して行くこと，逆に言えば，kの3乗分の1しかないが，しかしk倍の数のネットワークを持っている個人がいるということを示している。

　所得で考えると分かりやすい。例えば，私の周りに，300万円くらいの年収の人が多いと仮定する。一方で，それら年収300万円の平均的な多数派が，さらにその周りを見たときに，その中に27分の1くらいの割合でしかなくても，実際に年収900万円（300万円の3倍）の人がいて，さらにもっと少数で，1000分の1しかいなくても，年収が300万円の10倍，つまり3000万円の人がいる。そういう割合になっている。

　ここで，たくさんのネットワークを持つ人が，ハブ，またはコネクターと呼ばれる。この概念は，先の，パーコレーションを使ったアクティヴィストモデルよりも，そのリンクを結ぶ能力が成長するという点で，より現実的であろうと私には思われる。バラバシは，アメリカの諸都市を結ぶ航空会社のルートマップを例に挙げている。多くの都市は，二本か三本のリンクしか持たないが，シカゴやアトランタ，ニューヨークなどは，数百のリンクを持っている。この格差がべき法則で表されるのである。

　彼らはさらに，ノードにリンクを作る能力を持たせ，一層ノード間の格差を付けるようにしたモデルも作っている。つまりすでにどのくらいリンクを持っているかということだけでなく，それにそれぞれのノードに適応度を与え，その適応度と先のすでに持っているリンク数を掛けた割合で，新たなリンク数が得られると仮定する。すると格差はさらに大きくなる。そしてついにはそのネットワークで，ひとり勝ちするものが現われる。以上，これらの簡単な前提で，劇的な変化の見られる結果が得られる。

　さて，ここから私の考えているのは，次のことである。つまり，情報化社会はこうなっているということである。あるいは情報化社会の競争はこのようになっているということである。

　競争には様々な形態がある。ここで取り挙げるのはふたつのタイプである。ひとつは，経済学が今までその上に成り立っていたもので，希少価値を巡って，奪い合いが起き，少数の勝者が多くを奪い，多数の敗者が生じる。そし

て格差が生じる。もうひとつは，情報における競争がそうであるように，競争する者同士がともに価値を蓄積していくというものである。限られた財を巡る競争ならば，勝者と敗者が生じるが，競争して英語を勉強すれば，誰もが英語の知識を増やしていく。競争が激しくなれば，誰もが大きく知的財産を増やすことができる。

　このように考えると，情報化社会の競争はそれが他者収奪的でないので格差を生まないし，誰もが情報を増やし，その情報を享受できる。情報のこの肯定的な側面は，魅力的なもので，私は，「各人はその能力に応じて（働き），各人にはその必要に応じて（配分される）」という，マルクスが『ゴータ綱領批判』で描いた共産主義社会は（p.21=p.39），このような情報化社会の先にあるのかと，まずは考えられる。しかも，情報は，他者を収奪しないだけでなく，自然をも収奪しない。つまり環境破壊をしないから，それは理念的には理想的なものであると考えられる。

　しかしこの側面は情報の半分の性格しか見ていないものである。今述べたBA理論によれば，情報は必然的に格差をもたらし，しかもその格差は増大する。情報化社会は必然的に格差社会となる。

　第二に，次のことも示される。格差は多様性を疎外する。そのことは以下に簡単に示される。例えば，様々な種類の商品が生産される。消費者にとって，選択の幅が増えれば増えるほど，一体何を基準に商品を選んで良いのか，分からなくなる。それで，先に述べたBA理論のモデルにあるように，すでに売れるものと売れないものとの格差が大きく出ているはずだから，消費者は，売れているものを無批判に選ぶようになる。そして多くの人が，その商品が売れているからという理由で選ぶようになると，ますます多くの人がそれに追随する。かくして，商品が多様になればなるほど，消費者の選択能力は失われ，判断力が鈍り，売れるものだけがますます売れるようになり，売れなくなったものはますます売れなくなり，そうすると，店としては売れるものをたくさん店頭に並べるようになり，かくして，店頭の商品の多様性は失われる。これは実際に今，コンビニの店頭で起きていることである。そしてここでも実は，べき法則がそれを支配している。

様々な問題が派生する。人は情報が多くなると，自分で選択できなくなり，他人の多くが選んでいるからという理由だけで選ぶようになる。BAモデルはそういう設定で作られている。さらに，その多くの人，というのは，自分と同じ判断をするだろうと考えられている人のことである。つまり自分に近い多数者の選ぶ選択肢は，自分にとって一番快適なものである。自分にとって異質な人，少数者の判断は受け付けない。かくして誰もが，同じ判断をするだけでなく，同じ判断をする人だけと付き合うようになる。そういう人の判断だけを受け付けるようになる。かくして，人の付き合いの多様性も失われる。このパラドックスもまた，べき法則に拠る。

第三に，格差が高じると，ついには，たったひとつだけのノートがすべてのリンクを独占し，他のリンクが消えてしまうことがある。実際に消えるのではなく，ひとつがあまりにも多くを持ちすぎているので，他のリンクがまったく意味を持たなくなるのである。これを私は，「情報化時代の全体主義」と呼びたい。バラバシは，マイクロソフトの独占を例に挙げている。情報が増え，選択肢が増えると，実は私たちの選択できるものは限定され，ついにはたったひとつの選択肢しか持たなくなるということはあり得る。

ここから得られることは何か。ひとつは格差が生じるということそれ自体は仕方がないということである。私たちは情報化社会そのものを否定することはできず，できるのは，その性格をよく理解して，その利点を享受し，その欠点を是正して行くことだけである。格差が生じたときに，どうそれを少しでも少なくすることができるのか，またその弊害を少しでも減らせるのかと考える他はない。

私が現在，考えているのは，どういう場合に，このべき法則が当てはまるのか，また当てはまらないのか，またどう条件を変えれば，当てはまらなくなるのか，また当てはまるようになるのかという場合分けである。さらにまた，格差があまりに大きくなって，弊害があれば，それをどう工夫して減らせるか，また逆に格差のあることをどう活用できるか，ということである。つまり，このべき法則には利点もある。そして私の考えでは，その利点を活かすことが，この欠点を是正する一番良い方法である。

この情報理論は，以下のような考え方を示唆する。つまり自己の考えを広げたいと思ったとき，選挙のように，敵対陣営を倒すことで，自分が勝つというやり方でなく，経済競争のように，他者から価値を奪うことで自己の財産を増やすのでもなく，自分の魅力を高めることで支持者を増やすのである。それは確かに過酷な競争であるけれども，しかしまずは，とにかく絶滅しないように，自己主張を続け，あとは様々なチャンスを見て，いかにこの主張が魅力的かということを示し，そのことによって支持者を増やすのである。

　バラバシは次のような伝播の例を挙げている[2]。ひとつは，閾値のない広がり方がある。つまりじっくりと広がるという広がり方もある。もうひとつは，その運動の質を高めるというやり方である。質が高ければ，それは，いつかは確実に広がり得る。

　さらに私は，以下のことも考えている。このべき法則ということ自体は，何もバラバシが最初に言ったことではなく，物理学では良く知られている。例えば，水が氷になるとき，それは相転移と言うのだが，無秩序な水の分子は，0度になると，自発的に秩序立つ。これは自己組織性とも呼ばれ，そこにおいては様々な系の振る舞いが，このべき法則に従うことが知られている。先のパーコレーション理論において，閾値を超えるということもまた，この相転移のひとつである。そこにおいて，様々な現象がべき法則で説明できる（高安）。このことは社会現象にも当てはまるだろうと私は思う。社会が急激な変化を遂げるときに，このべき法則は現われるだろう。

　急激な変化のひとつの例は，恐慌である。3-2-1ですでに論じている，バーリーとミーンズの『近代株式会社と私有財産』において，株式保有者が大衆化，素人化して，株価が大衆の予期で動くようになる（Berle&Means）。ケインズも『一般理論』において，株価は素人の群集心理に左右され，著しく不確実な状況に陥る（Keynes）。さらに株から為替にと，扱う金額が大きなものへと，投機の対象が移って行く。この価格の変動が扱われるべきである。

　ここで，高安秀樹の議論が参照される（高安 3章）。最も規模の大きい市場は，外国為替である。為替価格は，その直前のディーラーの予期で決まる。3分間隔くらいで，その予期は変動して行く。ディーラーは先読みをし，そ

の結果，売買取引の過程には，確率的な振る舞いが生じる。そのためそれは不安定になり，時に暴落，暴騰を引き起こす。その制御のために，世界システムを考案する必要が出て来るが，それが3-3-3の議論である。

　最後に補足的に述べておけば，以上のようなネットワーク理論はさらに進展して，様々なタイプの複雑ネットワーク理論が出て来ている。その中のひとつがカオス理論である。先のカント平和論の帰結は，まさしくこのタイプの複雑ネットワーク理論であった (1-3-2)。それは新たな，かつ，動的な秩序を説明するものである。カウフマンは，カオスの縁（秩序とカオスの境界）において，自己組織化現象が起きるという主張をしたが (Kauffman)，まさしくカントの言う平和は，変化しつつ，柔軟性と恒常性を備えた，自己組織化現象に他ならない[3)]。

c. 情報化社会の政策　所有に対する制限

　レッシグの主張は，パラドクシカルなものであって，人を刺激するが，それに留まらず，情報化時代の所有論を示している。これは同時に消費化社会の所有論でもある。知的所有は，所有のひとつとして，所有一般が持つ様々な問題を共有するが，しかしさらに知的所有において，それらの問題の意義と限界が先鋭化する場合がある。そのことを良く示している。

　とりわけ情報化社会で格差が広がることは，以上で示した通りである。格差は，人が所有をし，かつその所有が個人所有である限り，どんな社会でもあるが，それが知的所有においては，著しく拡大することが確認された。

　その指摘の上で，再度所有の問題を考える。3-2-1で吉田民人を引用して確認したように，所有は，所有する主体と客体，及び内容面から考えるべきで，そのどれにおいても，分割されて所有される。単純に私的所有か，共同所有かという問題ではない。第二に，自律的な所有の他に，他律的な所有もあり得，また自律的所有だが，脱所有と呼ぶべきものもある。

　とすれば，第一に，この段階で，所有権の大きさとその及ぶ期間とを決めるのに，市場のみに任せて良いという訳には行かず，決定主体は，その個人の属する集団や地方政府，国家によってなされるべきである。知的所有権で

あれば，その保持者の権利を守りつつ，しかしその所有権は，排他的にひとりのものに帰するのではなく，先人の努力の継承という面も考え，社会の中ででき上がっているのだし，従って多数者との共同であると考えるべきである。また，それを使用する使用者の権利も守るべきである。これはすでに述べた通りである。

　第二に，所有には制限を掛けて良いという正当性問題は，知的所有だから成り立つ話ではなく，所有一般に成り立つ話である。法外に大きく，長い期間に亘る知的所有権には，制限が掛けられる。このことが正当なのは，この知的所有においては，分かりやすい形で現れている。それはまた，資本主義が自らの矛盾を自らの力で是正しようとしているかのようである。つまり，資本主義の必然的な帰結として情報化社会になり，そこで知的所有が問題となり，その矛盾が露呈する。また情報化社会では格差が大き過ぎて，つまり資本主義の矛盾が分かりやすいまでに現れている。そういったことがここに現れている。

　個人の自由を守るために，他者の所有に制限を付ける。これは，多数の貧乏人の自由を守るために，少数の金持ちの自由に制限を付けるということではない。知的所有権を持つ者は，多数の読者に支えられて，それで価値を持つのであり，不当にその所有権を独占しては，読者は不自由になり，著者にとっても，自分の存在する由来をも脅かしてしまうことになる。著者と読者と，両者の自由を守るべきである。これが，消費化社会の福祉国家の正当性論につながるはずである。

　類個関係については，すでに論じている (2-3-3)。そこでは，ヘーゲルが使われ，市民社会論において，国家と中間集団の関係についての議論があった。さらに，その後，国家を類とする段階から，世界史を類とする段階への移行が，従って，国家のために戦争で死ぬことが要求される個人から，世界史の中で，類を自己内に体現しようという個人への移行が論じられた。前者は，吉田民人の議論にも，その整理があった。また後者まで論じて初めて，類個関係は完成する。つまり，ローカル，ナショナル，トランスナショナルと多重な類が論じられ，その中での個との関係が論じられねばならない。ま

たそれらの類が，反転し，複合的な関係になっていることも，最後の節，つまり 3-3-3 で論じられる。

さらに踏み込んで，第三番目の指摘をする必要がある。分配の問題がここ 3-3-1 で論じられる。類個関係において，個の充実が重要である。個は有限で，可塑的である。個が社会に貢献するかどうかということは重要であり，当然どの程度貢献したかで，分配はなされるが，しかし個の有限性と可塑性を最大限尊重すれば，個自身がどの程度分配を必要としているかという観点でもまた分配はなされねばならない。つまり社会に貢献していなくても，その個にとって，生きるのに必要な分配はなされねばならない。個の能力は有限だから，人によっては十分社会に貢献できないかもしれない。しかしそれでもその個は生きる権利を持つ。またその個の能力は可塑的で，一時的には，同じく十分社会に貢献できないかもしれない。それでも，個の様々な試行錯誤をできるだけ，社会は許容すべきである。その包容力が社会の成熟度を示している。前節のマルクスの，理念的に考えられた共産主義のイメージ，つまり「各人はその能力に応じて（働き），各人にはその必要に応じて（配分される）」というのは，ここで現実的なものとして考えられねばならない。

まとめに入ろう。所有の分割と所有の形態の問題に加えて，個人の充実という観点が必要であり，その上で，再度所有が議論されるべきである。

第一に，個人がどこまで所有して良いのかということに対しては，社会の中でその程度が議論されるべきである。第二に，格差是正のための，地方政府，国家の介入は正当化される。第三に，配分は，能力に応じてという観点と必要に応じてという観点とが両方必要である。格差是正はかくして二重に行われる。ひとつは，例えば印税は何パーセントであるべきか，著作権の年数は何年であるべきかという議論である。先に，知的所有の場合は，消費者を育てた方が，結局は所有権を持っている側にも得になり，なるべく使いやすくした方が良いという結論が得られている。またもうひとつは，税，とりわけ累進課税とその配分，つまり福祉，教育政策であり，その正当性は，個人の最大限の保護にある。

ここで格差は，諸個人の格差，及び国家の中の中間諸集団の格差，そして

最後に諸国家間の格差があるだろう。諸個人の格差を是正するものとして，福祉国家の役割が確認され，諸個人の所有に対する制約が上で確認された。また地方政府などの諸集団の格差の是正にも国家の役割は大きい。これはつまり，教育や福祉の実際の担い手は，国家という大きな集団ではなく，小さな地方政府という集団が扱った方が，諸個人間の格差是正の観点から望ましいが，しかし今度はその諸集団間の格差が出てしまう。それを是正するのも国家の役割である。

　そして残された最後の問題，つまり諸国家間の格差については，これは以下の節で扱う。私の考えでは，国家間の格差が，20世紀後半の戦争の一番大きな理由である。そうすると上では，個人の所得の再分配機能を持つ国家の役割に期待したのだけれども，ここでは国家の弊害にぶつかる。それが3-3-2の課題である。2-3-3で論じたように，諸個人の所有を保護するものとして現れ，しかしそれ以上の価値を持ち，ついには戦争に突入する国家に対して，あらためてその対応が検討される。

　また，もうひとつ重要なのは，金融危機の問題である。3-2-1ですでに論じられ，また3-3-3の主題となる問題だが，ここで先のべき法則が関係する。先に論じた群集心理は，つまり予期の増幅は，まさに情報化社会の問題に他ならない。市場に任せておくか，国家が介入するかという問題と考えられるが，そのどちらも有効でない場合がある。

　所有が原則として個人所有であれば，資本主義の出現とその進展は必然的である。しかし同時にその弊害もまた必然的であり，そのこと自体と，同時にその対策とを考察しなければならない。それは3-1-3ですでに扱ってはいるが，3-3-3において具体的な課題となる。

●注

1）　レッシグの最初の著作は1999年のもので（Lessig1999），これは相当に評判になり，続けて（Lessig2001），（Lessig2004）と著作を刊行している。ここに引用したのは，（Lessig2001 第14章）である。

2）　この説明は，（Barabási）の第10章にある。この他にも，この本には，様々

なタイプの伝播の例が挙げられている。
3) 数理モデルの発達を述べるのは，本書の主題ではないが，これを記述することによって，本書の展開を裏で支えているとでも言うべき，道筋が見えて来る。それは，1-2を受けて，ホッブズ，ロック，ヒューム，カント，ヘーゲル，マルクスと本書で取り挙げた思想家の主題を，数理モデルで説明することが可能だということを示唆している。詳細については，1-2の（注9）で述べたが，本書とは別の試みを，現在用意している。

3-3-2 リベラルな民主主義は戦争を防ぐか

リベラルな民主主義が戦争を防ぐという命題は，カント以来のものである。カント以後200年たって，実際に民主主義の国々が世界にいくつも誕生し，データが揃う。その実証が，a項である。しかしそこで示されたのは，民主主義国間では戦争がきわめて少ないが，民主主義と非民主主義の間では戦争は起きるということである。b項のトッドによれば，むしろアメリカは民主主義を広めるという名目で戦争を起こしている。しかし一方で，アメリカの思惑に反して，民主主義は確実に世界中に広がっている。c項のロールズの主張は，再びカントの主張に戻るかのようである。非民主主義国への寛容に基づき，緩やかな枠組みが国家を超えて作られる。それは修正されたカント主義と言えるだろうし，2-3-3の議論を踏まえれば，修正されたヘーゲル主義でもある。

a. ドイルとラセット

現代政治学の最も優れた知見のひとつが，ラセットによる実証研究であろう。ラセットは次のように言う。

民主主義の国が非民主主義諸国に対して，戦争を起こす可能性が低い，つまり民主主義諸国が一般に平和的であるということでは決してないが，しかし民主主義諸国間では，戦争がほとんど起こっていない。これは19世紀末から見られる現象である。

このことはまず経験的な事実である。つまり実際に，英仏米の間では戦争

は起きていない。その理由はそれらの国の間で，リベラリズムと民主主義が共有されており，互いにそれらの価値を尊重し合っているという意識が共有されているためではないか。

また他の諸国でも，1970年代までに民主主義を採用する国は増え，そこでもこのことは成り立つ。もちろん，繰り返すが，これは民主主義諸国が非民主主義諸国に対して，戦争を起こす可能性が少ないということではない。

ここで民主主義の定義は明らかである。それはダールによるもので，以下の通りである（Dahl 1章）。市民の大部分が投票による選挙権を持つこと。政府が競争的な選挙を通じて権力を得ること。行政府が市民によって選挙される（大統領制）か，選挙に基づく立法府に対して責任を負う（議院内閣制）かのどちらかであり，またそれらに伴って，言論の自由が保障されていることである（Russett 1章）。

ラセットはさらにこのことの理由を，制度と規範の両面から説明している。制度は例えば，民主主義の諸国では，国際間の制度が作りやすい，また民主主義諸国では，政治的経済的に制度が安定しているといったことが，互いへの平和を促す要因かもしれない。しかしラセットはさらに，実は民主主義諸国が相手国に対して互いに共有しているだろうと考えられる規範の方が，平和を促しているのだろうと結論付けている。これはまさに，先の19世紀末からの英仏米の関係がそれを示している（同2章）。

実際，この本が書かれた後，2001年にアメリカが戦争を起こしたことを，私たちは知っている。民主主義の国が，民主主義を非民主主義の国に広げるという名目で，戦争を起こしたことを知っている。しかしアメリカの言い分に従えば，これは民主主義と非民主主義間の戦争であって，民主主義間の戦争ではなく，この本の主張の反例とはならない。

さて，ここにはいくつもの問題が横たわっている。まず，民主主義は，すでに述べたように，決して平和志向を意味しないし，非民主主義に対しては，アメリカが実際そうなのだが，却って，戦争を招く危険性は高いかもしれない。また，一般に民主主義諸国が，必ずしも最善の選択をしないことはしばしばある。第二に，これも後に述べるように，民主主義だと思っていた国が，

容易に非民主主義に転ずることはあり得る。

これらの考察が必要だが,もうひとり,こちらの方がより,カント平和論を意識しており,付け加えておくことが有益だろう。ここで取り挙げるのは,ドイルの「カント,リベラルな遺産,そして外交」という論文である(Doyle)。

ドイルの主張は1983年のもので,先の1993年のラセットの主張と同じである。ラセットはドイルを受けて,その実証をしたと考えるべきである。ドイルもまた,リベラルな諸国間では戦争の可能性の少ないことを説く。リベラリズム諸国は決して平和愛好ではない。しかしリベラリズム国家は,同じリベラリズム国家に対しては,非リベラリズム国家に対するのとその対応を変えるのである。

リベラリズムは個人の自由を重視する。ドイルは,それはカントに由来するものだと考え,『平和論』を引用する。それからカントの後,この二百年近くの間,世界にリベラリズム諸国の数が増えたことを挙げ,リベラリズム諸国間では,戦争のほとんどないことを実証する。戦争があるのは,非リベラル諸国同士,またはリベラルと非リベラル間のみである。

b. トッド

前項のふたりの主張は,アメリカ人による,アメリカ人のための,アメリカ的な平和論であるように見える。しかしこの主張は,その主張の意味する限りで,私は正しいと思う。これをさらに検討するために,一見,このアメリカ擁護論に対する最も痛烈な批判とも思えるトッドの主張を見てみたい。

トッドの主張は,まず識字率の上昇を近代化の最も重要な要因と見る。その近代化の中には民主主義化も含まれる。「民主主義と個人主義の進展の核心に大衆識字化という<u>独立の説明変数</u>が横たわっている」(Todd p.33f.=p.39)。それが,出生率の低下を招き,近代化を促進する。そのようにまとめることができる。

もうひとつの主張は,そこから帰結するアメリカ批判である。世界の半分,つまり開発途上国では,必然的に識字率の上昇と,それに伴う出生率の低下と近代化が起きているが,しかしすでに近代化を達成した,アメリカ,イギ

リス，フランスは，今度は，大学に進学する層とそうでない層との格差が進行し，さらに階層が固定化し，非民主主義化が進んでいるというものである。そこからさらに，決定的なトッドのアメリカ批判は，アメリカが何もしなければ，世界の近代化，民主主義化は進むのに，それを却ってアメリカが妨げている。アメリカは世界に君臨するために，悪役を作らねばならず，近代化に向かっているイスラム諸国を悪役のままにしておきたいとしているというものである。

　私は，このアメリカ批判をもっともだと思い，同意する。実はトッドのアメリカ批判は，何重にも亙っていて，例えばハンチントン批判はよく知られている，そのひとつである。世界をいくつかの文明圏に分け，その衝突を煽るのがアメリカであるという主張に対して (Huntington)，むしろ世界の各文明は，接近していると説く。しかしこのハンチントン批判は，アメリカ批判のひとつに過ぎず，しかもより本質的なアメリカ批判は，先の論理である。トッドは先のドイルを引用し，批判する。それにフクヤマの，世界中にアメリカ型自由主義的民主主義が広まってといるという意見 (Fukuyama) に対する批判が加わる。その両方の意見からの帰結は，世界中が平和に至るということになってしまうが，しかしアメリカは世界の平和を担う役割を担っていて，世界中が平和になってしまっては，アメリカの役割がなくなってしまう。アメリカはそのパラドックスに気付く。同時に，アメリカは実は民主主義的でなくなっているのである。

　トッドの主張は一貫している。それは識字率を近代化，民主主義化の重要な要因と考えるということだ。一方で世界中の発展途上国は，初等教育が充実して，大衆の識字率が上がり，民主主義が進む。しかしアメリカをはじめとする先進国は，トッドは，そこにイギリスとフランスを加え，私はさらにそこに日本を加えたいのだが，中等・高等教育が発達し，その結果，高等教育を受けた層とそうでない層との格差が広がり，民主主義が妨げられる。そこでは，寡頭制が進み，エリート主義とポピュリズムが対立する。するとアメリカ，イギリス，フランス（と日本）には，先のドイル，ラセットの説が適用できなくなる。

彼は簡潔に次のように言う。「世界が民主主義を発見し、政治的にはアメリカなしでやっていく術を学びつつあるまさにそのときに、アメリカの方はその民主主義的性格を失おうとしており、自らが経済的に世界なしでやって行かれないことを発見しつつある」(Todd p.38f.=p.44)。

かくして、実はここで、トッドの考えは、先のラセット及びドイルの説とむしろ接合できる。

トッドの主張は、詳細な実証分析に基づいている。そしてどの国でも、まず女性の識字率の上昇が近代化の要因の根本で、副次的に、男性の識字率の上昇も考慮に入れるべきで、さらにそのことを保証する限りならば、国民一人当たりのGNPもその要因に入れても良く、というのも、そういったことがあると、近代化の最も重要な指標である出生率の低下が起きるからだ。そうまとめることができる。

ラセットとドイルの主張は、リベラル民主主義間では戦争が少ないのだから、アメリカは、世界に対し、リベラル民主主義を促さねばならないという結論につながり、結局これがアメリカの戦争を正当化する論理として使われてしまっている。かくしてアメリカはアメリカ型のリベラル民主主義を非民主主義諸国に普及させるべく、戦争をする。そのことはトッドに倣って、批判されるべきだと私も思う。

しかしその、アメリカ擁護とアメリカ批判の論理は、同じものではないか。爆弾とともに民主主義化を促すことはできないという戦略的なミス。自国が民主主義的であると慢心している内に、非民主主義化が進んでいることに気付かない傲慢さ。一方で、非民主主義的だと思っている開発途上国の民主主義化の動きを正当に評価できない狭隘さ。その三点は批判されるべきであるのだが。

つまり、第一の問題はプラクティカルなものである。戦争をしてはいけないという倫理的なものではない。効果が少なく、またマイナスの効果が予想されるものはすべきではない。この第一の問題と第二の問題は重なる。他国に干渉をするのではなく、まして戦争を引き起こすのではなく、自国の民主主義化こそ、他国に良い影響を与えると考えるべきである。まして、自国の

非民主主義化に気付かない鈍さでは，他国がその外交方針に納得するはずがなく，そこに干渉が加われば，ただ反発を招くだけである。さらにこのことは第三の問題につながる。他国を民主化するために，暴力が使われるべきだという主張は，他国がすでに民主化していることを正当に評価できないために生じるものであり，それは，自国の民主主義概念があまりにも狭く，自国型の民主主義しか評価できないからである。その非寛容が再び他国の反発を招くだろう。

　柔軟に民主主義の進展を見守ること。その上で，しかしやはり民主主義を促すことが考えられねばならない。それを見守るということも含めて，戦略的な促進は必要だ。他国への干渉で民主化が進むと考えるのではなく，民主化をその国の，自立したシステムの発展の中に位置付ける。もし他国に関わるのなら，それはその国の発展に寄与する経済援助しかない。そうして一方で，自国の民主主義化こそ最も重要であることに気付くべきである。また最後に，民主主義の定義をもう少し緩やかなものとし，多様化を促進することが必要である。つまりアメリカという民主主義的なシステムの国が，他の非民主主義的なシステムの国に爆弾を落としても，相手国の民主主義化は促せない。相手国の内生的な発展を待つしかない。民主主義というシステムは絶えず，生成消滅しており，他国に戦争を仕掛けている間に，自国の民主主義が劣化していることに気付くべきである。

　識字率の上昇という，それぞれの個人の心的システムの充実が，社会の諸システムに大きな影響を与える。この観点で，以上を整理することができる。もちろん，アメリカ擁護とアメリカ批判という正反対のものを接合する必要はないかもしれない。ラセット達の主張からの帰結は，アメリカが強引に民主主義化を進めることを擁護する。それは根本から間違っている。世界がすべてアメリカ型の民主主義になる必要はないし，それは不可能である。しかしその帰結が間違っているからと言って，前提となる主張が，つまり民主主義諸国間では戦争がきわめて少ないという主張は，間違っている訳ではない。少し修正すれば，それは有益である。

　アメリカ型の狭義の民主主義ではなく，広義の民主主義概念を作ること，

また民主主義が万能なものではなく、欠点だらけのものであることを自覚すること、しかしその上でなお、民主主義を重要視したいと私は思う。つまり、戦争を民主主義が直接的に防ぐ訳ではないのだが、また、ドイル、ラセットほどの楽観は私にはないのだが、しかし民主主義は平和につながるはずである。

c. ロールズ

この節の最後に、ロールズの『万民の法』を加える。画期的と評される『正義論』に比べ、評判は著しく悪いが、私はもっと評価されるべきだと思う[1]。

彼の考える社会形態は五つある。1. リベラルな諸国、2. 良識ある諸国、3. 無法国家、4. 重荷に苦しむ社会、5. 仁愛的絶対主義国家、以上である。

その区別の上で、各国の民衆の代表者が、万民の法を選ぶとされている。それは、各国の民衆が自由でかつ平等であり、各国間では条約が守られ、独立不干渉であり、自衛以外の理由で戦争をすることが禁じられ、またその戦争にも一定の制限があり、人権は尊重され、不利な条件に苦しむ民衆には援助が差し向けられるというものである。

このロールズの提案する万民の法のイメージは、先のヘッフェの第一の国家、つまり超最小国家だろうか[2]。これは世界共同体を考えたときに、その共同体には法だけがあり、それを強制する権力は持たない、そういう共同体である。1-3-2で書いたように、もっと拘束力を持つ世界共和国を志向する論が多い中で、緩やかなネットワークとも言うべき、「万民の法」の提案はまず評価されるべきである。その共同体の中で、国家が消滅するのではなく、最後まで残るということもカントの主張と同じである。この万民の法は、カントの強い影響のもとに書かれている[3]。ロールズの主張のふたつ目のポイントは、先の1.のタイプの民衆が、この万民の法を是認し、2.の諸国の民衆は、それを受容し、遵守すると考えていることである。1.のタイプの諸国の民衆が、それを是認するのは、これもカント以来の伝統である。カントならば、いずれはすべての国家が、ないしは、主要な国家が1.になり、その上で万民の法が実現できると考えるのだろうが、ロールズの特徴は、2.以下の諸国

を前提としていて，この2.の諸国は，決してリベラルではなく，政教分離も行っていないが，人権は保護されており，万民の法を受け入れる要素は持っているとされている。そして重要なことは，1.のリベラルな国家は，この2.の良識ある国家の民衆に対して，きわめて寛容でなければならないとされていることである。

　1.は，ロールズ自身は明言しないが，欧米の先進国を指しているだろう。そして，2.は，穏健なイスラム諸国が考えられている。先進国は，穏健なイスラム諸国に制裁を加えたりしてはならないというのが，私がとりわけロールズの功績として評価すべき点である。

　しかし，先進国は，3.以下の，無法国家に対しては，戦争をしても良いことになっている。すると，どうしてもこの点で，私はロールズ案を不十分だとみなすしかない。つまり，ここで指摘できるのは，相手が無法国家だとみなしたら，戦争を仕掛けて良いことになり，先の節の，トッドによるアメリカ批判がそのまま当てはまってしまうということである。従って，ロールズの寛容という観点をさらに推し進めて，すべての国々に対してもそうでなければならないと考えることが必要だ。

　三番目のロールズの論の特徴は，先のドイル，ラセットが国家主体の外交を考えている節があるのに対し，ロールズの主体は民衆であるということである。カントはそのあたりは両面的だと思う。カント『平和論』第二確定条項で，諸国はネットワーク的な国際連合を作るが，第三確定条項で，各国民衆が，自由に出入りができるとしていて，国際連合を支えているのは，自由に行き来する民衆であるという主張をしているが，そのことが想起されるべきである。またここでは各国の国民が，文化的になって，平和に至ると考えられているから，かなりの程度，国家ではなく，諸個人に力点があったと思われるが，しかしあいまいと言うべきである。そこをはっきりと民衆主体にしたのは，ロールズの功績である。

　もっとも，森村進が指摘するように，ロールズは，peopleという言葉を使い，その邦訳では，「民衆」となってはいるが，どうも国民という意味にそれは近く，国家主体に考えている節がある。そこは不十分であろう。国家を

超えて活動する人のことも，また国家の内部で少数民族であるために苦しむ人々のことも，あまり考えていない。きわめてナショナリスティックである(森村 2007)。

　四番目の特徴は，上の三つの観点すべてに関わるが，ロールズは，2. 以下の諸国の存在を考えてはいるが，しかしカントと同じく，主要な国家が，万民の法を構想することができる程度には，十分リベラルになっていることを前提とし，やはりリベラルな国家があり，その上で，リベラルな世界連合ができると考えている点である。つまり最初は，リベラルな諸国間で，その国民が主体となって，ネットワークを作る。政治や経済政策の主体は，国家であるが，同時に国家を超えるネットワークも機能する。そうしてリベラルな国は，非リベラルな国に対しても寛容で，その非リベラルな国の国民も，そのネットワークに入ることが歓迎される。そのようなイメージを描くことができる。

　ここは一応は，平和の問題を，各国のリベラル民主主義に求めていることは，上で展開したように，きわめて不十分ではありつつも，しかし根本的には評価できる。私はトッドの批判を十分に受け止めて，さらに代替案を考え，ロールズの発想を活かしたいと思う。それが 3-3-3 である。

　リベラル民主主義と平和は密接に結び付いているという指摘は重要である。実際ある程度リベラル民主主義が達成されていないと，トランスナショナルなネットワークはできない。そうしてそのネットワークに入った方が，得をするという状況を作れれば，非リベラル民主主義の国民にも訴えるものがあるだろう。リベラル民主主義が，無法国家に対して戦争を起こすことは正当化されないだけでなく，戦争は，リベラル民主主義を広げる有効な策でもないということは認識されるべきである。多くの国々が，戦争の危険性がある以上，容易にリベラル民主主義になり得ないという，先の (2-3-3) ヘーゲルの考えもここであらためて思いだそう。つまり非リベラル民主主義の国々にとっては，先に平和の機構を作るべきであり，それからそれらの国々のリベラル民主主義化が促されるだろう。そうしてそのリベラル民主主義化は，一層の平和を促すだろう。そういう私の考える平和への道筋が，不十分

ながら，ここには見られる。

　とは言っても，致命的な欠点もある。私の見る，決定的な，ロールズに対する批判は，諸国家の間に，資源の豊かさについての格差はあるが，リベラル民主主義化する上で，支障はほとんどないという指摘である（Ⅲ部15章，16章）[4]。私は，諸国家の資源の格差が，そして現代の情報化社会では，様々な点での格差がますます広がっていることが，戦争を引き起こし，また多くの国々がリベラル民主主義になり得ない根本原因だと考えているので，この指摘に対しては，まったく評価しない。アメリカという，世界で最も資源に恵まれている国にいるロールズには，最も見えにくい問題であるのかもしれない。しかし私たちは，そういうロールズの根本的な欠点は，はっきりと認識しつつ，しかしその長所はうまく取り入れて，戦争を防ぐ術を考えねばならない。

　ここまで来て，単に3-3-2の各項をまとめるだけでなく，1-3のカント論，第2部のヘーゲル論，とりわけ2-3-3の戦争論と併せて，まとめをすることが必要だろう。

　まずリベラル民主主義が平和を促すという考えは基本的には正しい。しかしそれはドイルやラセットが言うように，リベラル民主主義諸国間では戦争が少ないという話であり，またカントが恐らくはそう考えていたように，世界がすべてリベラル民主主義になれば，世界平和が訪れるというユートピアであるのかもしれない。現実的には，トッドが批判するように，リベラル民主主義を非リベラル民主主義に押し付けようとして，却って戦争が起きる。つまりリベラル民主主義になれば，戦争がなくなる訳ではない。

　またヘーゲルが指摘するように，戦争が必然的なものだとするならば，各国は戦争のための準備をしなければならず，国民を戦争に向けて動員しなければならないのに，リベラル民主主義になってしまうと，国民は国家の一員であるという意識が薄れてしまい，そういう国家は，戦争には向かない。つまり，戦争が必然的なものとして存在するならば，リベラル民主主義であることは望ましいことではない。

　私の考えでは，リベラル民主主義を促すことは，諸個人の自由を確保する

ために必要だが，戦争以外の方法でそうすべきであり，また，戦争が勃発する条件が常に満ち溢れている現在では，戦争を防ぐために，リベラル民主主義を広めようとするのは間違いで，別の方法が考えられねばならない。すなわち，ある程度リベラル民主化が進んだ時点で，あとは，先に戦争を防ぐ術を考案すべきなのである。

　幸い，トッドが指摘するように，リベラル民主主義は識字率の上昇とともに進んでおり，それは不可逆な過程である。ただそのことが直接戦争を防ぐことにはつながらない。リベラル民主主義の進展とともに，諸個人の自由が少しずつ進展する。すべての国ではなく，ある程度の国がそうなった時点で，つまりそれは現時点と言って良いが，トランスナショナルなネットワークを作り，それを以って，戦争を防ぐことに生かすべきである。そのことは次の節で論じられる。そしてそこに，ロールズの考えを活用することができる。つまり，リベラル民主主義諸国が中心となって，緩やかなネットワークを作り，そこに非リベラル民主主義諸国も加え，そのネットワークの中で，諸個人は自由に，それぞれが更なるネットワークを作る。それらの複合ネットワークこそが，戦争の可能性を少しずつ防ぐ。そして，戦争の危険性を少しずつでも防ぐことによって，リベラル民主主義国は，自国のリベラル民主主義の劣化を防ぐ術を模索すべきだし，非リベラル民主主義国は，自国のリベラル民主主義化を一層進めることができるだろう。

　すでに何度も言及しているが(2-3-3, 3-1-3, 3-2-2の各節の最後の結論)，リベラリズムも，それに基づく資本主義も，またその資本主義によって育成される民主主義も，どれもきわめて大きな限界を持ちつつ，その不可避性も確認されている。その留保をあらためて認識し，しかしその意義も否定すべきではない。

●注
1) ここでは，森村進と渡辺幹雄を参照したが(森村2007，渡辺幹夫)，晩年のロールズに対する批判は，巷に相当見られる。
2) ヘッフェについては，1-3-2で取り挙げた。それは国家と個人の関係を4

段階にまとめたもので，一番緩やかなものでは，国家の体をなさず，ヘッフェ自身は，二番目か三番目の国家観を支持し，それを世界政府のイメージにしている（Höffe1997）。しかし，世界政府は国家ではなく，諸国家とともにその役割を果たすべき存在であって，私の考えでは，ヘッフェの定義の，最も緩やかなものでも，十分その意義を持つだろう。

3) ロールズが広汎な哲学史の分析を試み，とりわけカントについては，詳細な議論をしていることも思い起こすべきである（Rawls 2000）。
4) この晩年のロールズに対しての批判は，カント的な楽観論に対して向けられる他，この諸国間の格差の決定的な重要性を無視することにも向けられている。諸個人間の格差是正こそが，『正義論』のロールズの主張だったのに，諸国家間の格差の持つ重大さが見えないのは，残念である。

3-3-3 ネットワーク世界政府論

企業や地方政府が発行する企業通貨や地域通貨が，いくつかの国にまたがって使われ始めている。その際に，それらの通貨をまず，法定通貨に直して，その上で二国間の法定通貨間で交換をするのではなく，いくつかの国の法定貨幣をベースに，バスケット貨幣を作り，その複合貨幣を使用する試みがすでに考えられている。ここでは，ナショナルなレベルの下に位置付けられる，ローカルな企業や地方政府が主体となって，トランスナショナルなネットワークを作る試みのひとつとして，その電子上の貨幣の意義付けをしたい。

同様の試みは，経済産業省から提案され，アジア通貨としての通貨バスケットが提唱されている。その提案の意義と限界を検討すべきである。私の考えでは，アジアでは，国家が主体となって，そのようなネットワークを作るのは絶望的に困難である。上で述べたような，ローカルな企業や地方政府が主体となって，ナショナルを超えるネットワークを作る方が現実的ではないか。

さらにトービン税が検討される。これは，恐慌を防ぐために，各国が合意して，投機的な通貨取引に対して課税しようというものである。その目的と予想される成果は評価すべきであるが，各国の合意に基づいて行われるという点で，上のアジア通貨の実現と同様の困難を持っている。私の提案は，い

くつかの複合貨幣を流通させ，その際に，複合貨幣と企業通貨，地域通貨，法定通貨との交換に際して，いくばくかの手数料を取ったら良いというものである。これはトービン税の目的と予想される成果をより容易に実現するだろう。

a. 複合通貨について

企業が電子マネーやポイント，及びマイレージを発行している。それらは企業通貨と呼ばれる。企業通貨は狭義には，JRのSuicaや，ソニーのEdyなど，金銭債務を電子的媒体で弁済する情報を指すが，ポイントやマイレージも，今や発行企業以外でも利用可能になり，貨幣としての機能を持つようになった。ここでは，それらを総称して，企業通貨と呼ぶ（野村総合研究所2006，2008）。

これらは紛れもなく貨幣である。様々な財とサーヴィスの価値を測る尺度としての機能があり，その価値を保存することができ，かつ，交換する媒体でもある。この三つの定義に加えて，後で述べるように，これらは価値の自己増殖機能も持つ。

さて，この企業通貨が注目されるのは，第一に，現在様々な企業通貨が現れて，それらがネットワーク化しているからである。ANAのマイレージと，Edyは相互に乗り入れしている。つまり，Edyを使うとANAのマイルが貯まる。SuicaはJRに乗れるだけでなく，地下鉄も私鉄も利用できる。元々東京では，JRと営団地下鉄が乗り入れていたり，私鉄と都営地下鉄が乗り入れたりしていたものを，一枚の切符で済ませられるよう，工夫がされていて，このようなネットワーク化は自然な流れではある（Swanson1993）。さらにこのカードで，買い物もできる。今や大学キャンパス内での買い物にも使える。ますます流通範囲が広がり，貨幣としての価値が高まっている。

第二に，様々な企業通貨が，その企業の信用に基づいて，次々と発行されている。それは他の企業通貨の自生を促す。企業通貨だけではない。今や各地域で，地域通貨と呼ばれる貨幣が続々と出てきている。営利目的ではなく，その地方の福祉に特化したものもあり，地域の活性化につなげるものもあり，

用途は様々である。今やたくさんの種類の貨幣の共存繁栄という様相を呈しており，今後も広がる傾向にある。

　第三に，今やそれらの企業通貨は，いくつかの国にまたがって使用される可能性が出てきている。現時点では，ICカードの様式が，香港，台湾，ソウルと日本では異なるので，直ぐに実現はできないのだが，国土省などの発案で，旅行者の便を図って，例えばSuicaでそれらの地域の鉄道，地下鉄に乗れるようにしたいという計画はある[1]。

　これは重要な問題を孕んでいる。使用される法定通貨が二カ国間のものならば，その為替レートに従って交換されれば良い。しかし三カ国以上に亘って流通するときは，それぞれ二国間での交換を繰り返すのは煩雑である。常に円を中心に考えるとか，ドルを基軸通貨とする限りにおいては，その円なり，ドルなりを基にして，交換を繰り返せば良いのだが，日本から持って行く企業通貨を，韓国と香港で使用する場合，この三国の法定通貨の間にバスケットを考えて，複合貨幣を作り，それぞれの法定通貨を複合貨幣に換算して，保存するのが簡便である。複合貨幣の計算方法は，それぞれの企業が，独自のやり方で考えれば良い。

　以下にあらためて述べる予定であり，かつすでに様々な研究があるが，いくつかの法定通貨を組み合わせて作るバスケット通貨は，そのうちのひとつが大きくその為替レートを変動させても，全体として調整されて，変動の幅はきわめて少ないという利点を持つ[2]。

　ここから，単に旅行者の便を図るだけでなく，例えば日本，中国，韓国と三カ国で商売をする企業が，それらの国々を行き来し，それらの国々での貨幣を使用する必要がある場合，企業が複合通貨でその従業員に給料を払い，従業員は，必要に応じて，その複合貨幣を必要な国の貨幣に交換して生活するということが可能であろう。現時点では，日本の会社は，基本的に日本円を使用するし，貿易はドルかユーロを使用するし，また以下に述べるように，アジアの多くの国では，通貨はフロート制になっておらず，ドルにペグしている現状では，この考え方にそれほどの魅力はないかもしれないが，ドルの価値が下落する傾向にあり，2008.11にドルショックを経験し，かつアジア

の地域内での交流がますます高まる情勢で，さらにいくつかの国々がフロート制を採用し始めれば，この考え方は有効である。企業がそれぞれ仕事をし，給料を払う可能性のある貨幣をある程度蓄えていて，給与は，複合貨幣で払い，社員は必要に応じて必要な貨幣に交換すれば，為替の変動のリスクを避けることができる。一国の通貨の価値が下がっても，先に述べたように，複合貨幣はそれほど変動しないから，個人も貯金を複合貨幣ですることもでき，安全が保たれる。

　複合貨幣の性質については，次のb項でバスケット貨幣の概念を提出するので，そこであらためて説明をすることにして，議論を先に進める。ここで複合貨幣もまた複数あり得る。企業ごとに計算方法が異なるだろうし，そこに含まれる通貨も異なるからである。またそれは，電子上の架空の貨幣である。ネットワーク貨幣と呼んでも良い。

　それが将来的に，アジア地域の交流が深まって，それらの地域の通貨を含んだ複合貨幣を，アジアを代表する諸企業が使うようになったとき，それらの複合貨幣を管理する組織が必要になる。その組織は，ある複合貨幣を発行している，または使用している，さらにはその複合貨幣とネットワークを持つ複合貨幣に関わる，民間企業などの代表から成り立つ。民間企業または地域，つまりローカルと，ナショナル，トランスナショナルと三重のヒエラルキーを考え，法定通貨については，その管理については国家が考えるが，ここでは，企業がいくつかの国にまたがって，複合貨幣を作り，その複合貨幣をいくつもの企業や，NGOや，場合によっては地方政府が使用するときに，それらの代表が集まって，その複合貨幣を管理し，保証する。そこでは相互に，これもネットワーク化する組織が要求される。それぞれの国の通貨の価値の変動に対して，その国家の下位に位置するローカルな諸団体が集まって，ナショナルを超える組織を作る。それが国際的な複合貨幣を管理する。そういうイメージをここで与えておく。貨幣を媒介したトランスナショナルなネットワークとしての組織である。

　さて，ここで重要なのは，そうやって保護される，民間企業，地方政府，その他諸集団のもとで，それらのメンバーである諸個人の所有が守られると

いうことである。そうして所有が守られた上で，彼らは，その集団に参画する。企業であろうと，地方政府であろうと，諸個人がその集団を積極的に作り，その運営に参加しない限り，集団は成立しないし，また諸個人も自由になることはできない。また諸集団の方も，外部に対して，その集団の持つ社会の中での立場を明確にしていく。それがグローバリズムの持つ，諸集団への圧力であり，その圧力のもと，諸集団は民主的に運営される。

　その際に，法定通貨の変動によって，諸集団の所有が脅かされてはならず，それが効率よく保護され，かつ以下で述べるような，過剰な金融資本の国際間の運動や投機から生じる通貨の変動から守られねばならない。国境を超える金融資本の運動や投機を行う諸個人や諸企業ではなく，その本来の活動をする諸個人やその諸個人の集まりである諸集団が守られるべきである。株や為替における投機をなくそうとする必要はない，投機をしたい人はすれば良い。また，それは本来，市場の流動性を維持するというメリットもある。ただ今や，そのリスクから私たちを守らねばならなくなったのである[3]。

　ここで最後に，企業通貨が通貨であり，通貨として三つの機能を持ち，さらには，第四の機能である，自己増殖機能を持つということを再度確認したい。企業であるからには，企業の価値を高め，その貨幣の信用を高めたいと思う。そうやって資本主義は成り立つ。諸個人および，諸企業はここで制限される投機のみならず，投資も行う。投資した会社の業績が伸びれば，株の価値が上がる。それが，貨幣の持つ自己増殖機能である。それが諸個人の自由を高める限りで，それは肯定されるべきである。

　地域通貨の中には，この機能を持たない貨幣もある。貯金しておいても利子が付かない。その点に着目し，そのことを肯定する論もある（柄谷）。しかし，これは資本主義をどこまで肯定するのかという根本的な問題に関わる。私の答えは，諸個人の自由を奪うくらいに行きすぎた資本主義は是正されねばならないが，貨幣の自己増殖機能は，それが適正である限り，否定されてはならない。そしてその貨幣の価値を守るためのネットワークが，先の複合貨幣なのである。

b. 通貨バスケットの可能性

　通貨バスケットを用いた体制が，東アジアの国々にとって，適切なシステムであるという議論が起きている。ここで通貨バスケット体制とは，「ある国の通貨価値を，複数の通貨の価値の合計（加重平均）に等しくなるように，通貨政策を行うこと」(伊藤 2007　p .2) である。

　ここで為替制度分類をしておく。細かな議論は省いて，ハードペグ，ソフトペグ，管理フロート制，完全フロート制と四つの段階に分けておく。ハードペグは，東アジアの場合，すべてドル化を意味する。ソフトペグは，様々なものが考えられるが，大きく，ドルか，またはバスケット通貨にペグするので，中心値の周りに変動幅を設けて，その範囲内に通貨の変更を抑える，というものを考えておく（Williamson）。三番目の管理フロートは，ドルまたはバスケット通貨を参照にして，その法定通貨の価値を管理するものである。

　さて，現在の東アジアの国々の通貨制度について，2009 年時点では，日本だけが完全フロート制である。韓国，タイ，シンガポール，インドネシアが管理フロート制，または，通貨バスケットにペグするソフトペグ制を採っていて，これらが完全フロート制になるか，どうかがひとつの問題である。

　もうひとつ大きな問題は，中国である。以下，先の文献の著者の英文編論文をまとめる (Ito 2007)。

　1997 年から，1998 年にかけてのアジア通貨危機で，多くの国は，フロート制に移行せざるを得なくなった。多くの国が，ドルペグは間違っていると考える。そうしてバスケット通貨の考えが出てくる。それに基づいてソフトペグするか，または管理フロートの際の参照にするか，そのための通貨として必要なのである。

　しかし現実的に，まず，通貨バスケットは国民にその正当性を説明するのが困難である。さらに，中国を中心として，香港とマレーシアを伴い，2005 年までは，公式的にドルペグを採用していたため，周辺国もドルにペグするか，通貨バスケットを採用していても，その中でのドルの比重を高めざるを得ない。つまり東アジアは，ドルゾーンにいたのである。

伊藤は，2005年の時点で，中国が，管理フロートに移行するという宣言を歓迎している。つまり中国のドルペグこそが，アジアの協調を邪魔してきたのである。

しかし，2009年の時点で，中国が，実質的には (de facto)，相変わらず，ドルペグであることが分かると，私たちは，失望せざるを得ない。私が，各国間の取引からは，アジアの場合，協調に至らないと結論付ける所以である。

ここで以下の通貨バスケット (Basket Currency，以下，BCと言う) が提案されるが，それがどこまで実現可能性を持つかということが検討されねばならないが，まずはその概念について説明する。

例えば，タイは，アメリカ，日本，EUと貿易がある。ドル，円，ユーロの価値が増減すれば，それに応じて，タイ・バーツの価値も増減する。その追随の程度を，ドル，円，ユーロの比重で表す。

$$\text{バーツ}BC/SF = a_0 + a_1 \text{ドル}/SF + a_2 \text{円}/SF + a_3 \text{ユーロ}/SF \quad \cdots (1)$$

ここで，SFは，スイスフランで，これらの通貨の価値を比較するための指標として用いる。

これに他のアジア諸国の貨幣を付け加えても良い。しかし，先に述べたように，その貨幣が，ドルペグであれば，あまり意味はない。将来的に，それぞれの貨幣が完全フロート化したときに，それは意味を持つだろう。

さて，このようなものとして考案された通貨バスケットは，a項の複合貨幣とどう違うのか。そのことを明らかにしたい。複合貨幣は，国家の下にある，民間企業や様々な組織が，いくつかの国家にまたがって交流があるとき，ひとつには為替の手間を省くため，もうひとつは，国家通貨の為替変動のリスクを避けるために，国際的な貨幣として導入されたものである。一方バスケット通貨は，その計算の仕方は複合貨幣と同じであるが，国家が通貨政策のひとつとして，かつ東アジアにおいては最も有効な政策として，それを採用しようと考えているものである。管理フロート制にとっては，管理の際の参照とするために，またソフトペグの政策を採る国々にとっては，そのペグ

の対象として，通貨バスケットは考えられている。

　複合貨幣の考え方は，各民間の，またはローカルな集団が，自分たちのコミュニティの必要から貨幣を作り，流通させ，さらにそれが国家を超えて動くとき，もちろんそれらの集団が，国家に口出しをすることなどできないし，口出ししたところでその効果は期待できないから，自衛のために，国際的なネットワークを作ったものである。一方バスケット通貨の考え方は，国家が主体となって，国際的な秩序を作るために，話し合って行くというものである。

　すると問題は以下のように整理される。つまり，果たして東アジアにおいて，諸国家は合理的な判断をするのか。まず各国の相互依存性がそれを邪魔することが知られている。つまりマレーシアが典型だが，その国が，本当は通貨バスケットに依拠する管理フロートまたはソフトペグが望ましいと考えても，すぐ隣の中国がドルペグを採っている以上，そして中国との貿易がマレーシアにとって，一番重要である以上，マレーシア一国だけで通貨バスケットを採用することができない。

　また，フロート制を導入するには，東アジアの国々では，まだ資本主義が十分に発達していないことも考えねばならない。通貨政策に際して，民主主義的な手続きがとられない場合も多い。

　中国はまもなく，GNPは日本を抜いて世界第二位になるが，しかし国民一人当たりのGNPはまだ低く，民主化に時間は掛かる。言い換えれば，まだ1980年代の，韓国や台湾の水準にまで到達しておらず，中国の民主化には，まだ相当の経済発達が必要である。

　そういったことを考えたときに，東アジア諸国がその経済が成熟して，政治的にも民主化し，互いに合理的な判断をし合えるような関係になるまで，各企業が経済活動をしない訳には行かず，それらは自衛のために，私が上の項で述べた，複合貨幣を使うようになることは十分考えられる。

　さらに通貨バスケットの考え方は，ユーロをモデルにしていて，長期的には，地域統合通貨が考えられている。経済産業省のモデルにはそれが窺える。当面は，管理フロートとソフトペグに資するものとして考えられているが，

ユーロ導入時に，通貨バスケットが使われ，その上で，統一貨幣が導入されたように，アジアでも将来的な構想として，同様のことが考えられている。しかしアジアでそれが長期的にも果たして可能だろうか。

私の提案する，複合貨幣の考え方では，将来的にも，トランスナショナルなネットワーク貨幣，国家通貨，企業または地域通貨と，三つのヒエラルキーが共存する。それぞれのレベルでネットワーク化し，かつヒエラルキーにまたがってネットワークとなる。そういうイメージである。

それほど遠くない将来，中国その他のいくつかの国が完全フロート化したときに，それらの国々の貨幣をベースに，複合貨幣と通貨バスケットは一体化し，民間企業もそれを使うし，中小の国々が，自国貨幣と参照するために，または自国貨幣にペグさせる対象として，それを使うということは考えられる。しかしその際にも，先に発達するのは，複合貨幣であり，そこにバスケット貨幣が乗っかるという形でしかあり得ないのではないか。

c. トービン税の可能性

トービン税の発想を，この長い論文の最後に活かしたいと思う[4]。

トービンは，ケインズ派の経済学者で，今，私たちが利用できるトービンの論文は三つある。ここで (Tobin1974) と (Tobin1978) を初期トービン，(Tobin1996) を後期トービンと呼ぶ。

トービン税とは，投機的な通貨取引に対する課税であり，これは一種の政策提言である。初期トービンの目論見では，大体1％くらいを，また後期では，0.25％を超えず，0.1％くらいの課税をすることで，短期の投機取引を減らし，金融の安定を図るというものである。ここで確認すべきは，トービンの最初の目的は，投機の過熱による，為替レートの変動のリスクを低減することである。

トービンが最初にこの提言をしたときの世界は，変動相場制であろうと，固定相場制であろうと，国際的な民間の金融資本が過剰な通貨間の移動性を持つことに，問題の中心があった。国際通貨の直物取引に課税しようというトービンの提言は，それに対する対策に他ならない。

1980年代になり，変動性システムが先進各国で採用されて，金融の自由化が進み，その結果としてバブルが生まれ，またそれが崩壊し，不況が始まると，トービン税は新たに見直されるようになる。金融自由化を進めた国々の市場は必ずや不安定化する。トービン税は，通貨危機に対する有効な政策としてまず注目されたのである。

加えてそこからさらに，トービン自身は，これを「副次的」(Tobin1996)と考えているが，トービン税が徴収した税収が，国際的な様々な活動資金として使えるという目的が出て来る。開発途上国に対しての援助，環境問題の解決などの資金として，これを使おうという議論が起きたのである。

トービン税が俄然注目を集めたのは，この目的のためである。ここで，この「副次的な」目的を重視する，NGOなど，とりわけ1990年代に盛んになった運動の支持者を，トービン自身を含めず，トービン主義者と呼んでおく（例えば，（吾郷2003）など）。彼らによれば，そこで期待される税収は，ODA総額を上回り，貧困，開発という国際公共財を賄えるという。

さて，上記ふたつの目的をここで確認した。さらにこのふたつの目的から派生するものを指摘したい。

トービンは最初の目的に続けて，二番目の目的として，各国の主体性を高めることを挙げた。これは初期トービンにすでにあり，後期トービンに，より明確である。国家による財政，金融政策の自律性を維持，増進させることが，トービン自身の目的である。トービンは，フロート制を，それが投機をあおり，金融不安定を招く根源であることを認識しつつも，それを支持している。私たちはブレトンウッズの時代に戻る訳には行かない。そのフロート制のもとで，とりわけ1980年代に国際的な資本移動によって一旦は失われた，国家主導の政策実現を，国家のもとに戻そうとするのである。またとりわけ1990年代に市場の方が国家の政策よりも優位になって，国家は金融が要求する政策しか実現できなくなり，そこで失われてしまった国家による政策提言，およびその実施をトービンはあらためて回復しようとするのである。

さらに付言すれば，後期トービンは，トービン税が徴収した税収の一部を国家に与えることも提案している。それによって，国家にインセンティブを

与えようとするのである。

　一方，トービン主義者は，副次的な税収徴収という目的から，さらに世界政府の設立を考えている。トービン税は，国家を超える，グローバル課税である。税収を誰が管理し，またその使い道をどう決定するのか。その意志決定過程には，諸国家の代表と，さらには，民間からも代表が出されて，討議されることが必要である。諸富徹は，EUのように，その組織には，各国の利害を代表する部門と，直接選挙から選ばれて構成する部門との両方が必要だろうとしている（諸富2002）。

　さてトービンは，最初，トービン税に思い至る前に，ますます金融が不安定になるだろうことを予測して，その対策として世界政府のもと，世界通貨があれば良いと考えた。しかし直ちに，それが不可能だからと，トービン税を導入しようとした。そしてそのことにより，国家の主体性を発揮する。そこまでがトービンの考えである。さらにその上で，トービン主義者は，徴収した税を活用したいと思う。そうしてそれを基にして，世界政府を作りたい。ここで議論が一巡する。世界政府が不可能だから，トービン税を課す。トービン税を課して，世界政府を作る。しかし果たしてトービン税は，導入できるのか。誰が導入するのか。本当は，世界政府が先にできないとトービン税は導入できないのではないのか。世界政府が不可能だから，トービン税が必要だと言いつつ，ひそかにその議論は，世界政府の存在を前提にしていないか。私はそう考える。以下，そのことを説明する。

　トービン税の導入に対して，私はここでもまたb項の議論と同じく，国家の主体性に任せて，話が進むのだろうかという疑問を投げ掛けたいと思う。世界の国々は，必ずしも民主主義的でなく，合理的な判断をする訳ではない。また民主主義であっても，そのために却って，市場の命令に従わねばならなくなる。いずれにしても，国家の判断で，トービン税を採用することがあり得るのか。

　実際，アメリカは，トービン税に反対している。唯一，フランスが，その可能性を検討しているが，しかし実現可能だとは到底思えない。これは，トービン税の導入においてさえそうである。ましてや，トービン主義者の夢見る，

福祉国家的世界国家を，つまり弱者に優しい世界政府を，現行の国家が志向するだろうか。

　トービン税の議論には，やはり，EUの発想があり，すべての国が民主主義になり，その上で合理的な選択をするという前提がある。しかし世界は民主主義の国ばかりでなく，むしろ多くの国々に対しては，どう民主化を促すかという議論が必要である。また格差は大きく，民主化は一向に促されない。さらには，民主国が必ずしも，合理的な判断をしない。

　私は，b項で東アジアの議論をし，それが世界の縮図であるとしたが，ここc項では，まさに世界の議論をしている。そして，そこで前項と同じ結論を得る。私たちは国家間の交渉による解決策に期待できない。それを可能にするためには，全世界の国々に強制する世界政府が必要である。

　かくして，世界政府ができないからトービン税を導入したのに，トービン税を導入するには，世界政府が必要だという議論が出て来る。議論は一巡し，あとは堂々巡りである。

　私の結論を述べる前に，もう少し，トービン税のその後の議論を確認する必要があるだろう。すでに様々な改良案が出ている。シュパーンは，二段階理論を提案する。最初は税率を低くして，トービン税を導入し，通貨価値の変動が大きくなったら，さらに課税する，というものである（Spahn）。これに対しては，確かにそうすることで，トービン税を導入しやすくなるかもしれないが，しかし根本的に解決する訳ではないと思う。

　さらに理想主義的な改良案も出ている。フロート制を止めるべきだという，デビッドソンの案である。しかしこれはその理想主義のために，一層実現が困難になっていると思う（Davidson），（小原），（橋本）。

　橋本努は，五段階理論を提案する（橋本）。これはまず低い税率のトービン税を導入し，次第に税率を上げて行き，その間にトービン税を忌避する傾向に対して対策を講じつつ，第四段階で，様々な企業貨幣の自生を促すというものである。第四段階で，私の提案するような複合貨幣を含めて，様々な貨幣の自生を促し，世界的に流通する多数の貨幣が競合する状態を想定している。そのイメージは私のものと近い。

私の橋本に対する批判は次の通りである。最初の三段階は，低い税率のトービン税の導入を主張するが，しかしそれでは，国家主体のトービン税の導入が可能かという先の問題は解決しない。ここでも実現は無理というべきである。またさらにその先に第五段階として，世界貨幣に基づく世界政府を構想し，それを「グローバルな民主主義」と呼ぶが，しかしここでもやはり，世界のすべての国々が民主化するということが前提になっていると思われる。
　私は，ローカル，ナショナル，トランスナショナルという三段階を明確にし，トランスナショナルなネットワークの主体は企業や地方政府などのローカルであること，それはネットワークとしてのみ存在すること，またその際にナショナルの役割はなくならないことを確認したい。また，ナショナルなレベルで民主化が進んで，トランスナショナルな組織ができるという順番では決してないが，前節で確認したように，しかしある程度の国が，ある程度民主化し，その上で，民主化していない国も中に入れてネットワークを作り，そのネットワークがすべての国の民主化を促すという順番であることも確認したい。
　私たちはすでに，複合貨幣を管理する組織の設立について触れている。その組織の運営費として，トービン税に相当するものを課してみたい。それは企業貨幣と国家貨幣との間に課すものではない。それは，貨幣の自生を促す意味でマイナスであるし，課す意味がない。しかし，いくつかの国家通貨をまたがる交換においては，そこに手数料という形で，ある程度のコストを掛けても，複合貨幣を使うことによって，為替レートの変動の幅が少なく，リスクが少ないので，民間企業がこれを使うメリットは大きい。その際に，組織を運営するには，費用が掛かるのだから，その運営費を賄うための手数料という名目で，トービン税に相当するものを，それはトービン自身の言葉を借りれば，「0.25%を超えず，0.1%くらい」(Tobin 1996 p.xvii)の手数料を取る。為替リスクを減らすためにトービン税を導入するのではなく，すでに為替リスクを減らすために導入された複合貨幣システムに，トービン税に相当するものを導入するというのが私のアイデアである。それは最初は税ではなく，組織を運営するための手数料にすぎない。

しかも重要なのは，そこでの運営主体は，国家ではないということである。運営主体は，民間企業や地方政府などのローカルな諸集団であり，彼らが，国家の金融政策に従って，為替をするよりも，自らが作った複合貨幣制度を利用した方が，便利でかつ危険が少ないと判断したときに，その制度の安定化のために，組織を作る必要が出て来て，そしてその組織の運営のために手数料を取るということである。銀行では外国為替の手数料を取るが，それと同じである。

国家がある程度民主化し，その中で諸集団の自由な活動を肯定することが必要だが，その民主化はしかしある程度で十分であり，EU 諸国ほどに十分に民主化した諸国家が国家間で交渉してトランスナショナルな組織を作ることに合意するという手順がここで求められていない。あくまで国家の役割は，その中で諸集団を育てるということに留まり，あとはそうして育てられた，その諸集団が，十分トランスナショナルな組織を作り得るだろう。

そしてその組織が，単に国家を超えて大きくなるだけでなく，アジア政府，さらには世界政府になれば，その手数料が，事実上のトービン税になる可能性はある。ただし税ではなく，あくまでも手数料である。しかしその手数料をもとに，その組織は発展し，徴収した手数料で，各国への所得の再分配を行い，環境問題などの世界規模の問題解決に充てることができる。それがひとつのネットワーク世界政府である。

●注
1) 国土交通省は，2007 年に，アジア各国の交通機関や店舗で，IC カード乗車券を相互利用できるようにするための検討委員会を設置した。技術的な困難があるが，それを超えるメリットがあるかどうか，議論されている。
2) ここで高安秀樹の議論を使った（高安 7 章）。またこの議論から，数式上は，企業や地方政府主体の複合貨幣と，アジア諸国間の通貨バスケットとが同じものであることが分かる。しかし運営主体や実現のための道筋の点で，両者は根本的に異なる。
3) 3-2-1，及び 3-3-1b の議論を思い出して欲しい。

4） トービン税の議論として，入手しやすいものとして，(Patomäki)と，トービン自身の書いたプロローグを含む(Haq et.al)を挙げる。

参考文献

引用については，とりわけロック，カント，ヘーゲルなどの古典については，本文中に著作名が分かるようにし，章や節の番号を明示して，その出典の個所を明らかにした。というのも，原文に様々な版があり，また訳本も，様々なものが出ていて，読者が容易に確かめられるようにする必要があった。どうしてもページ数を入れねばならないところは，原文=訳文という表示で，ページ数を入れた。なお，訳文はすべて拙訳である。

その他のものは，（著者名）で著作を表した。同一の著者の複数の著書を引用する場合は，出版年度を併せて記した。

吾郷健二『グローバリゼーションと発展途上国』コモンズ，2003

Albert, R., & Barabarási, A. L., "Statistical Mechanics of Complex Networks" *Review of Modern Physics*, Vol.74, 2002

青木孝平『ポスト・マルクスの所有理論―現代資本主義と法のインターフェイス―』社会評論社，1992

青木昌彦『比較制度分析に向けて』NTT出版，2001

赤石憲昭「ヘーゲル論理学研究における先行研究の考慮について」『ヘーゲル論理学研究』No.11, 2005

Arendt, H., *Lectures on Kant's Political Philosophy*, ed. by R. Beiner, The University of Chicago Press, 1992,『カント政治哲学の講義』浜田義文監訳　法政大学出版局　1987

有井行夫『増補版　株式会社の正当性と所有理論』青木書店，1991

Barabási, A. L., Linked — *how everything is connected to everything else and what it means for business, science, and everyday life* —, A Plume Book, 2002,『新ネットワーク思考―世界の仕組みを読み解く―』青木薫訳，NHK出版，2002

Berle, A. A., and Means, G. C., *The Modern Corporation and Private Property*, Macmillan,1932,『近代株式会社と私有財産』北島忠男訳，文雅堂書店，1958

Bohman, J., 1997 "The Public Spheres of the World Citizen", *Perpetual Peace — Essays on Kant's Cosmopolitan Ideal —*, ed.by J.Bohman & M. Lutz-Bachmann, The MIT Press, 1997,「世界市民の公共圏」『カントと永遠平和―世界市民とい

う理念について—』紺野茂樹他訳,未来社,2006

—— 2002 "Internationale Regime und demokratische Governance : Gleicher Einfluß auf globale Institutionen", *Weltstaat oder Staatenwelt? Für und wider die Idee einer Weltrepublik* ed. by M. Lutz-Bachmann & J. Bohman, Suhrkamp Verlag, 2002

Cohen, G.A., *Self-Ownership, Freedom, and Equality*, Cambridge University Press, 1995,『自己所有権・自由・平等』松井暁他訳,青木書店,2005

Dahl, R.A., *Polyarchy : Participation and Opposition*, Yale University Press, 1971,『ポリアーキー』高畠通敏・前田脩訳,三一書房,1981

Davidson, P., "Are Grains of Sand in the Wheels of International Finance Sufficient to do the Job, When Boulders are often required?", *Economic Journal*, No. 107, 1997

Doyle, M. W., "Kant, Liberal Legacies, and Foreign Affairs, Part1, Part2" *Philosophy and Public Affairs*, Vol.12, No.3, No.4, 1983

Engels, F., "Herrn Eugen Dührings Umwälzung der Wissenschaft (Anti-Dühring)" *Karl Marx Friedrich Engels Band20*, Dietz Verlag, 1975,『反デューリング論 (1)(2)』村田陽一訳,大月書店,1978

Erdös-Rényi, "On Random Graphs", *Publicationes Mathematicae,* No.6, 1959

福富正実 1970『共同体論争と所有の原理―資本論の体系と広義の経済学の方法―』未来社,1970

—— 1984「マルクスの『個人的所有』論について」『社会主義と共同所有―「個人的所有の再建」論争と甦るマルクス・エンゲルス―』福富正実他,創樹社,1984

Fukuyama, F., *The End of History and The Last Man*, The Free Press, 1992,『歴史の終わり (上)(中)(下)』渡部昇一訳,三笠書房,1992

福吉勝男 2002『自由と権利の哲学―ヘーゲル『法・権利の哲学講義』の展開―』世界思想社 2002

—— 2006「ヘーゲルの『国家』本質論素描―『市民社会』を基礎とした『立憲君主制』―」『ヘーゲルの国家論』加藤尚武・滝口清栄編 理想社 2006

Grimmett, G., *Percolation*, Springer, 1999 (second edition)

Habermas, J., 1968 *Technik und Wissenschaft als >Ideologie<*, Suhrkamp Verlag,

1968,『イデオロギーとしての技術と科学』長谷川宏訳,紀伊国屋書店,1970
—— 1997 "Kant's Idea of Perpetual Peace, with the Benefit of Two Hundred Years' Hindsight", *Perpetual Peace — Essays on Kant's Cosmopolitan Ideal —*, ed.by J.Bohman & M. Lutz-Bachmann, The MIT Press, 1997,「二百年後から見たカントの永遠平和という理念」『カントと永遠平和—世界市民という理念について—』紺野茂樹他訳,未来社,2006
浜田寿美男『「私」とは何か—ことばと身体の出会い—』講談社,1999
濱田義文「カントと平和の問題」『カントと現代—日本カント協会記念論集—』日本カント協会編,晃洋書房,1996
量義治「カント永遠平和論のパラドックス」『カントと現代—日本カント協会記念論集—』日本カント協会編,晃洋書房,1996
Haq, M., et. al., *The Tobin Tax — coping with Financial Volatility —*, Oxford University Press, 1996
橋本努『帝国の条件—自由を育む秩序の原理—』2007,弘文堂
林直道『史的唯物論と経済学(下)—史的唯物論と「疎外」論—』大月書店,1971
Hegel, G.W.F., "System der Sittlichkeit. Reinschriftentwurf (1802/03)" *Schriften und Entwürfe (1799-1808) Hegel Gesammelte Werke Band 5*, Felix Meiner Verlag Hamburg, 1998,『ヘーゲル 人倫の体系』上妻精訳,以文社,1996
—— "Naturphilosophie und Philosophie des Geistes" *Jenaer Systementwürfe III Hegel Gesammelte Werke Band 8*, Felix Meiner Verlag Hamburg, 1976,『G. W. F. ヘーゲル イェーナ体系構想 精神哲学草稿Ⅰ(1803-04年) 精神哲学草稿Ⅱ(1805-06年)』加藤尚武監訳,法政大学出版局,1999
—— *Phänomenologie des Geistes, G.W.F.Hegel Werke in zwanzig Bänden 3*, Suhrkamp Verlag, 1976,『精神の現象学 上,下巻 ヘーゲル全集4,5』金子武蔵訳,岩波書店,1971,2002
—— *Wissenschaft der Logik I, G.W.F.Hegel Werke in zwanzig Bänden 5*, Suhrkamp Verlag, 1969,『改訳大論理学上巻1-2 ヘーゲル全集6a-b』武市健人訳,岩波書店,1960
—— *Wissenschaft der Logik II, G.W.F.Hegel Werke in zwanzig Bänden 6*, Suhrkamp Verlag, 1969,『改訳大論理学中,下巻 ヘーゲル全集7,8』武市健人訳,岩波書店,1960-1961

―――*Grundlinien der Philosophie des Rechts, G. W. F. Hegel Werke in zwanzig Bänden 7*, Suhrkamp Verlag, 1970,「法の哲学」『ヘーゲル　世界の名著 44』藤野渉他訳，中央公論社，1978

―――*Enzyklopädie der philosophischen Wissenschaften I, G.W.F.Hegel Werke in zwanzig Bänden 8*, Suhrkamp Verlag, 1970,『小論理学（上）（下）』松村一人訳，岩波書店，1951，1952

―――*Enzyklopädie der philosophischen Wissenschaften II, G.W.F.Hegel Werke in zwanzig Bänden 9*, Suhrkamp Verlag, 1970,『自然哲学（上）（下）』加藤尚武訳，岩波書店，1998，1999

―――*Enzyklopädie der philosophischen Wissenschaften III, G.W.F.Hegel Werke in zwanzig Bänden 10*, Suhrkamp Verlag, 1970,『精神哲学（上）（下）』船山信一訳，岩波書店，1965

―――*Vorlesungen, Ausgewählte Nachschriften und Manuskripte, Bd. 1, Vorlesungen über Naturrecht und Staatwissenschaft, Heidelberg 1817 / 18, mit Nachträgen aus der Vorlesung 1818 / 1819*, Nachgeschrieben von P. Wannemann, hrsg. V. C. Becker, et.al. mit einer Einleitung von O. Pöggeler, Felix Meiner Verlag, 1983『自然法と国家学講義　ハイデルベルク大学 1817-18 年』高柳良治監訳，法政大学出版局，2007

樋口保成『パーコレーション―ちょっと変わった確率論入門―』遊星社，1992

平田清明『市民社会と社会主義』岩波書店，1969

廣松渉　1974『マルクス主義の成立過程』至誠堂　1974

―――1983『物象化論の構図』岩波書店，1983

Hobbes, T., *De Cive*（*Philosophical Rudiments Concerning Government and Society*）, ed. by Sir W. Molesworth, Routledge Thoemmes Press, 1992

―――*Leviathan, or the Matter, Forme, & Power of a Common Wealth Ecclesiasticall and Civill*, ed. by C. B. Macpherson, Penguin Books, 1968,『リヴァイアサン（一）―（四）』水田洋訳，岩波書店，1954-1985

Höffe, O., 1997 "Für und Wieder eine Weltrepublik",（仙台での講演，1997),「世界共和国への賛成論と反対論」『現代の実践哲学―倫理と政治―』有福孝岳・河上倫逸監訳，風行社，2001

―――2001 *Königliche Völker ― zu Kants kosmopolitischer Rechts-und Friedens-*

theorie ―, Suhrkamp Verlag, 2001

―― 2004, "Völkerbund oder Weltrepublik?" *Zum Ewigen Frieden*, ed. by O. Höffe, 2004

Hume, D., *A Treatise of Human Nature*, ed. by D.F.Norton & M.J.Norton, Oxford University Press, 2000,『人性論(1)―(4)』大槻春彦訳　岩波書店，1948-1952

Huntington, S., *The Clash of Civilizations and the Remarking of World Order*, Touchstone Books, 1998,『文明の衝突』鈴木主税訳，集英社，1998

市野川容孝『社会』岩波書店，2006

一ノ瀬正樹『人格知識論の生成―ジョン・ロックの瞬間―』東京大学出版会，1997

伊藤隆敏他編『東アジア通貨バスケットの経済分析』東洋経済新報社，2007

Ito, T.,（ed.）*A Basket Currency for Asia*, Routledge, 2007

稲葉振一郎『「資本」論―取引する身体／取引される身体―』筑摩書房，2005

井上彰「自己所有権と平等―左派リバタリアニズムの意義と限界―」『年報政治学 2008-Ⅱ政府間ガバナンスの変容』日本政治学会編，木鐸社，2008

甚野尚志『中世の異端者たち』山川出版社，1996

金子邦彦 & 池上高志『複雑系の進化的シナリオ―生命の発展様式―』朝倉書店，1998

金子邦彦 & 津田一郎『複雑系のカオス的シナリオ』朝倉書店，1996

Kandori, M., & et.al., "Learning, Mutation, and Long Run Equilibria in Games", *Econometrica*, Vol.61, 1993

Kant, I., *Kritik der reinen Vernunft, Kants Werke Akademie Textausgabe Band III*, Walter de Gruyter & Co., 1968,『純粋理性批判（上）（中）（下）』篠田英雄訳，岩波書店，1961

―― *Kritik der praktischen Vernunft, Kants Werke Akademie Textausgabe Band V*, Walter de Gruyter & Co., 1968,『実践理性批判』波多野精一・宮本和吉訳，岩波書店，1927

―― *Kritik der Urtheilskraft, Kants Werke Akademie Textausgabe Band V*, Walter de Gruyter & Co., 1968,『判断力批判（上）（下）』篠田英雄訳，岩波書店，1964

―― *Die Metaphisik der Sitten, Kants Werke Akademie Textausgabe Band VI*, Walter de Gruyter & Co., 1968,『人倫の形而上学』楢井正義他訳，『カント全集11』岩

波書店，2002
―― "Zum ewigen Frieden" *Kants Werke Akademie Textausgabe Band VIII*, Walter de Gruyter & Co., 1968,『永遠平和のために』宇都宮芳明訳　岩波書店，1985
―― *Bemerkungen in den ― Beobachtungen über das Gefühl des Schönen und Erhabenen* ― ed. by M. Rischmüller, Felix Meiner Verlag, 1991, p. 111,「『美と崇高の感情にかんする観察』への覚え書き」久保光志訳,『カント全集18』岩波書店，2002
柄谷行人『トランスクリティーク―カントとマルクス―』(定本柄谷行人集3),岩波書店，2004
片木清「『永遠平和論』より見たわが国におけるカントの受容について」『哲学と日本社会』家永三郎・小牧治編，弘文堂，1978
加藤尚武　1999『ヘーゲルの「法」哲学』青土社，1999
―― 2006「スピノザの実体とヘーゲルの国家」『ヘーゲルの国家論』加藤尚武・滝口清栄編，理想社，2006
Kauffman, S., *At Home in the Universe ― The Search for Laws of Self-Organization and Complexity ―*, Oxford University Press, 1995,『自己組織化と進化の論理―宇宙を貫く複雑系の法則―』米沢冨美子訳，日本経済新聞社，1999
Keynes, J.M., *The General Theory of Employment, Interest and Money*, Macmillan, 1936,『雇用，利子および貨幣の一般理論（上）（下）』間宮陽介訳，岩波文庫，2008
Kleingeld, P., 2008a "Approaching Perpetual Peace : Kant's Defence of a League of States and his Ideal of a World Federation" *Immanuel Kant*, ed. by A. Ripstein, Ashgate, 2008
―― 2008b "Kantian Patriotism" *Immanuel Kant*, ed. by A. Ripstein, Ashgate, 2008
熊野純彦　2002『ヘーゲル―〈他なるもの〉をめぐる思考―』筑摩書房，2002
―― 2003『差異と隔たり―他なるものへの倫理―』岩波書店，2003
倉塚平『異端と正統』筑摩書房，1972
黒崎剛「ヘーゲル論理学研究にいま必要なこと」『ヘーゲル論理学研究』no.10, 2004
黒積俊夫「カント歴史哲学の論理構造」『講座ドイツ観念論2―カント哲学の現代性―』廣松渉他編，弘文堂，1990

Leibniz, G.W. *Nouveaux Essais sur l'Entendement humain*, chronologie et introduction par Brunschweg, J., 1966, Garnier — Flammarion. 米山優訳『人間知性新論』1987, みすず書房

Lessig, L., 1999 *Code and Other Laws of Cyberspace*, Basic Books, 1999,『コード インターネットの合法・違法・プライバシー』山形浩生・柏木亮二訳, 翔泳社, 2001

── 2001 *The future of ideas — the fate of commons in a connected world* —, Random House, 2001,『コモンズ—ネット上の所有権強化は技術革新を殺す—』山形浩生訳, 翔泳社, 2002

── 2004 *Free Culture — how big media uses technology and the law to lock down culture and control creativity* —, The Penguin Press, 2004,『FREE CULTURE—いかに巨大メディアが法を使って創造性や文化をコントロールするか—』山形浩生・守岡桜訳, 翔泳社, 2004

Locke, J., *Essays on the law of nature and associated writings*, ed. by W. von Leyden, Oxford University Press, 1954

── *Two Treatises of Government*, ed. by P. Laslett, Cambridge University Press, 1960,『統治二論』加藤節訳, 岩波書店, 2007

── *An Essay Concerning Human Understanding*, Prometheus Books, 1995,『人間知性論(1)〜(4)』大槻春彦訳, 岩波書店, 1972〜77

Luhmann, N.,1984, *Soziale Systeme — Grundriß einer allgemeinen Theorie* —, Suhrkamp Verlag,『社会システム理論(上)(下)』佐藤勉監訳, 恒星社厚生閣, 1993, 1995

── 1995, *Soziologische Aufklärung 6 — Die soziologie und der Mensch* —, Westdeutscher Verlag,『ポストヒューマンの人間論—後期ルーマン論集—』村上淳一編訳, 東京大学出版会, 2007

── 2002, *Das Erziehungssystem der Gesellschaft*, Suhrkamp Verlag『社会の教育システム』村上淳一訳, 東京大学出版会, 2004

Lutz-Bachmann, M., 1997 "Kant's Idea of Peace and the Philosophical Conception of a World Republic", *Perpetual Peace — Essays on Kant's Cosmopolitan Ideal* —, ed. by J.Bohman & M. Lutz-Bachmann, The MIT Press, 1997,「カントの平和理念と世界共和国の法哲学的構想」『カントと永遠平和—世界市民という理念に

ついて―』紺野茂樹他訳, 未来社, 2006
―― 2002 "Weltweiter Frieden durch eine Weltrepublik? Problem internationaler Friedenssicherung" *Weltstaat oder Staatenwelt? Für und wider die Idee einer Weltrepublik*, ed. by M. Lutz-Bachmann & J. Bohman, Suhrkamp Verlag, 2002
Macpherson, C., B., *The Political Theory of Possessive Individualism ― Hobbes to Locke ―*, Oxford University Press, 1962,『所有的個人主義の政治理論』藤野渉他訳, 合同出版, 1980
牧野英二 2002「カントの目的論―『第四批判』と目的論の射程―」『日本カント研究3 カントの目的論』日本カント協会編, 理想社, 2002
―― 2003『カントを読む―ポストモダニズム以降の批判哲学―』岩波書店 2003
牧野紀之『マルクスの読書会①』鶏鳴出版, 1975
丸田利昌「『社会的慣習』をゲーム理論で解く」『ゲーム理論で解く』中山幹夫他編, 有斐閣, 2000
Marx, K., *Karl Marx, Friedrich Engels, Werke, Bd.19*, Diez Verlag, 1962,『ゴータ綱領批判』望月清司訳, 岩波書店, 1975
―― *Das Kapital ― Kritik der politischen Ökonomie ― Erster Band*, Dietz Verlag, 1977,『資本論（一）（二）（三）』向坂逸郎訳, 岩波書店, 1969
増田直紀 & 今野紀雄『複雑ネットワークの科学』産業図書, 2005
松井暁「リバタリアニズムの左右対決―ノージックと左派リバタリアン―」『ポスト・リベラリズムの対抗軸』有賀誠他編, ナカニシヤ出版, 2007
Mill, J. S., "On Liberty", *Three Essays*, Oxford University Press, 1975,『自由論』塩尻公明, 木村健康訳, 岩波書店, 1971
三島淑臣「後期カント政治理論における平和の問題」『カントと現代―日本カント協会記念論集―』日本カント協会編, 晃洋書房, 1996
三浦永光『ジョン・ロックとアメリカ先住民―自由主義と植民地支配―』御茶の水書房, 2009
宮台真司『権力の予期理論―了解を媒介にした作動形式―』勁草書房, 1989
森村進 1997『ロック所有論の再生』有斐閣, 1997
―― 2007「最後期ロールズの国際的正義論―ジョン・ロールズ『万民の法』（中山竜一訳, 岩波書店 2006 年）を読む―」政治思想学会会報　JCSPT Newsletter No.24, 2007

諸富徹 2002「金融のグローバル化とトービン税」,『現代思想』Vol.30, No.15, 2002

―― 2003『環境』岩波書店, 2003

野村総合研究所 2006『2010年の企業通貨―グーグルゾン時代のポイントエコノミー―』東洋経済新報社, 2006

―― 2008『企業通貨マーケッティング―次世代「ポイント・電子マネー」活用のすすめ―』2008, 東洋経済新報社, 2008

Nozick, R., *Anarchy, State, and Utopia*, 1974, Basic Books,『アナーキー・ユートピア―国家の正当性とその限界―』嶋津格訳, 木鐸社, 2006

Olson, M., *The Logic of Collective Action*, Harvard University Press, 1971『集合行為論―公共財と集団理論―』依田博, 森脇俊雅訳, ミネルヴァ書房, 1983

小原英隆「投機的国際資本移動へのケインジアンの取り組み―トービン税とデビッドソンの改革案―」『明治大学社会科学研究所紀要』Vol.39, No.2, 2001

小野原雅夫 2005「晩年における『アプリオリな実践的総合命題』―なぜ『法の定言命法』は『定言命法』と呼ばれなかったのか?―」『日本カント研究6』日本カント協会編, 理想社, 2005

―― 2006「平和の定言命法と平和実現のための仮言命法」『日本カント研究7』日本カント協会編, 理想社, 2006

―― 2008「カントとテロリズム」『グローバル・エシックスを考える―「九・一一」後の世界と倫理―』寺田俊郎・船場保之編, 梓出版, 2008

小坂田英之「ヘーゲルの無限判断論」『ヘーゲル論理学研究』No.2, 1996

Patomäki, H., *Democratizing Globalization, ― The leverage of the Tobin Tax ―*. Zed Books, 2001

Picht, G., *Hier und Jetzt, Philosophieren nach Auschwitz und Hiroshima, Band1*, Klett-Cotta, 1980,『いま, ここで―アウシュヴィッツとヒロシマ以後の哲学的考察―』斎藤義一監修, 法政大学出版局, 1986

Putnum, R.D., *Bowling alone ― The collapse and Revival of American Community ―*, Simon & Schuster, 2000

Rawls, J., 1971 *A Theory of Justice*, Harvard University Press, 1971,『正義論』矢島鈞次監訳, 紀伊国屋書店, 1979

―― 1999 *The Law of Peoples ― with "The Idea of Public Reason Revisited"*, Harvard

University Press, 1999,『万民の法』中山竜一訳, 岩波書店, 2006

—— 2000 *Lectures on the History of Moral Philosophy,* ed. by B.Herman, Harvard University Press, 2000,『ロールズ哲学史講義（上）（下）』坂部恵監訳, みすず書房, 2005

Rousseau, J.J., *Du Contrat Social,* Garinier Freres, 1962,『社会契約論』桑原武夫他訳, 岩波書店, 1954

Russett, B., *Grasping The Democratic Peace — Principles for a Post-Cold War World—*, Princeton University Press, 1993,『パクス・デモクラティア—冷戦後世界への原理—』鴨武彦訳, 東京大学出版会, 1996

佐藤康邦　1991『ヘーゲルと目的論』昭和堂, 1991

—— 2005『カント「判断力批判」と現代—目的論の新たな可能性を求めて—』岩波書店　2005

—— 2008「有機体論から見たカント哲学—『判断力批判』における判断力批判の特異性について—」『カント哲学のアクチュアリティー』坂部恵・佐藤康邦編, ナカニシヤ出版, 2008

薩摩秀登『プラハの異端者たち—中世チェコのフス派にみる宗教改革—』現代書館, 1998

Schelling, T., C., 1969 "Models of Segregation" *American Economic Review, Papers and Proceeding 59,* 1969

—— 1971 "Dynamic Models of Segregation" *Journal of Mathematical Sociology* 1, 1971

Siep, L.,1979 *Anerkennung als Prinzip der praktischen Philosophie,* Verlag Karl Alber, 1979

—— 1993 "Individualität in Hegels Phänomenologie des Geistes"（1993年のローマおよび東京での講演）,「ヘーゲル精神現象学における個人性」『ドイツ観念論における実践哲学』上妻精監訳, 晢書房, 1995

志水紀代子「美学的判断力と目的論的判断力—自由実現をめぐって—」『カント読本』浜田義文編, 法政大学出版局, 1989

Spahn, P.B., "The Tobin Tax and Exchange Rate Stability", *Finance and Development,* No.33-2, 1996

Stauffer, D.,& Aharony, A., *Introduction to Percolation Theory,* Taylor & Francis,

1994 (Revised Second Edition),『パーコレーションの基本原理』小田垣孝訳,吉岡書店, 2001
Swanson, G.A., *Macro Accounting and Modern Money Supplies*, 1993, Quorum Books
平子友長「カント『永遠平和のために』のアクチュアリティ—ヨーロッパ帝国主義批判の書として—」『唯物論』Vol.79, 2005
高田純　1994『承認と自由—ヘーゲル実践哲学の再構成—』未来社, 1994
—— 1997『実践と相互人格性—ドイツ観念論における承認論の展開—』北海道大学図書刊行会, 1997
高橋一行　1997「ホッブズの政治哲学とゲーム理論」『明治大学社会科学研究所紀要』Vol.35, No.2, 1997
—— 2001『ホッブズからヘーゲルへ—全体論の可能性—』信山社, 2001
—— 2004『教育参加—学校を変えるための政治学—』新読書社, 2004
—— 2007 "Simulation of Kant in Perpetual Peace",『明治大学社会科学研究所紀要』Vol.46, No. 2, 2007
Takahashi, K, & Murai,R., "Social Percolation in Relations between Activists and Supporters", *Complexity*, Vol. 11, No.6, 2006
Takahashi,K.,& Salam,K.M.M., "Mathematical model of conflict with non-annihilating multi-opponent", *Journal of Interdisciplinary Mathematics*, Vol.9, No.3, 2006
高安秀樹『経済物理学の発見』光文社, 2004
竹田青嗣　2004『人間的自由の条件—ヘーゲルとポストモダン思想—』講談社, 2004
—— 2009『人間の未来—ヘーゲル哲学と現代資本主義—』ちくま新書, 2009
竹村喜一郎「ヘーゲル推理論の存在論的視角と構造」『哲学・思想論集』筑波大学 Vol.27, 2001
滝口清栄　2007a『ヘーゲル「法（権利）の哲学」—形成と展開—』御茶の水書房, 2007
—— 2007b「『精神現象学』の〈相互承認〉論—〈精神の概念〉の特異性と絡めて—」『ヘーゲル哲学研究』vol.13, 2007
田邊元『カントの目的論』岩波書店, 1924

田中智志&山名淳編『教育人間論のルーマン—人間は〈教育〉できるのか—』勁草書房，2004

田中正司『新増補　ジョン・ロック研究』御茶の水書房，2005

立岩真也　1997『私的所有論』勁草書房，1997

──2006『希望について』青土社，2006

寺田俊郎 2006「グローバル・エシックスとしてのカントの道徳形而上学」『カント研究7』日本カント協会編，理想社，2006

──2007「所有をめぐるカントとロック」『明治学院大学教養教育センター紀要・カリチュール』第1号，2007

──2008「グローバル・エシックスとは何か」『グローバル・エシックスを考える—「九・一一」後の世界と倫理—』寺田俊郎・船場保之編，梓出版，2008

Tobin, J., 1974 *The New Economics One Decade Older,* Princeton University，1974

──1978 "A Proposal for International Monetary Reform", *Eastern Economic Journal*, Vol.4, July-October, 1978

──1996 "The Tobin tax — Coping with financial volatility : prologue", in *The Tobin tax — Coping with financial volatility*, ed. by M.Haq, et.al., Oxford University Press, 1996

Todd, E., *Après lèmpire — Essai sur la décomposition du systèm américain —*, Gallimard, 2002，『帝国以後—アメリカ・システムの崩壊—』石崎晴己訳，藤原書店，2003

富田恭彦『観念説の謎解き—ロックとバークリをめぐる誤読の論理—』世界思想社，2006

Tully, J., *A Discourse on Property — John Locke and his adversaries —*, 1980

鷲田清一「所有と固有（上）（下）」『季刊 iichiko』no.29,30, 1993,1994

渡邊幹雄『ロールズ正義論の行方—その全体系の批判的考察（増補新装版）』春秋社，2000

渡辺憲正「無所有の歴史的ポテンシャル—マルクス所有論再考—」『所有をめぐる〈私〉と〈公共〉』唯物論研究協会編，青木書店，2002

Vallentyne, P., & Steiner, H., (eds.) *The Origins of Left-Libertarianism : An Anthology of Historical Writings*, Palgrave Macmillan, 2001

Watts, D.J., *Six Degrees — The science of a connected age —*, Norton, 2003，『スモー

ルワールド・ネットワーク―世界を知るための新科学的思考法―』辻竜平・友知政樹訳, 2004

Watts, D.J., & Strogatz, S.H., "Collective dynamics of 'small-world' networks", *Nature*, No.393, 1998

Williamson, J., *Reference Rates and the International Monetary System*, Peter G. Peterson Institute for International Economics, 2007

山根雄一郎 2005『〈根源的獲得〉の哲学―カント批判哲学への新視角―』東京大学出版会, 2005

――2008「平和の形而上学―『永遠平和のために』の批判哲学的基底―」『カント哲学のアクチュアリティー―哲学の原点を求めて―』坂部恵・佐藤康邦編, ナカニシヤ出版, 2008

Young, H. P., 1993 "The Evolution of Conventions", *Econometrica*, Vol.61, 1993

――1998 *Individual Strategy and Social Structure*, Princeton University Press, 1998

吉田民人『主体性と所有構造の理論』東京大学出版会, 1991

後書き

　本書に収めた既出の論文は以下の通り。それらはすべて分解して，本書の中に入れた。とりわけ，2004年から2006年のものは，あとから考えれば，間違っていると思われるものもあり，考察が不十分なものもあり，一旦全部ばらして，書き直し，本書の各節に入れた。2008年以降のものについては，それほど大きな変更はない。

　これは学会発表したものも同じである。2006年までのものは，試行錯誤している段階のもので，学会で発表し，参加者と議論している中で，段々と整理されていった。2007年以降のものは，そのままの内容で，本書に収めることができた。

　また，学会発表は，本書を完成させる上で，随分と参考になった。むしろ論文よりも，直接的にその場の反応があるので，ありがたい。それぞれの学会の会員，参加者には，感謝申し上げたい。とりわけ，ボン大学の関係者，国際複雑系学会（ICCS），及び国際システム科学学会（ISSS）の会員には，特に活発な議論をしてもらった。感謝したい。

●論文

2004 "Philosophical arguments on intellectual property"『政経論叢』vol.72, No.2.3　明治大学政治経済研究所，2004

2005a「思想の伝播」『政経論叢』vol.73, No.5.6，2005

2005b「自然は所有できるか」『環境の思想と倫理―環境の哲学，思想，歴史，運動，政策―』明治大学政治経済学部環境研究会　金子光男・尾崎和彦編著　人間の科学社，2005

2005c「所有・他者・自由」『政経論叢』vol.74,No.1.2，2005

2006「カントの墓まいり」『ヨーロッパ　伝統・現状・行方　国際地域の社会科学Ⅱ』明治大学政治経済学部創設百周年記念叢書刊行委員会編　御茶の水書房，2006

2008「ロック所有論の射程」『政経論叢』Vol.76, No.5,6, 2008
2009a「ヘーゲルの所有論（上）」『政経論叢』Vol.77, No.3,4, 2009
2009b「ヘーゲルの所有論（下）」『政経論叢』Vol.77, No.5,6, 2009
2009c「私の論点 9. ヘーゲルの所有論」『ヘーゲル論理学研究』Vol.15, 2009
2010「カント平和論 vs. ヘーゲル戦争論」『政経論叢』Vol.78, No.3.4, 2010

●学会発表

2003.8.29 "Social Percolation, Small World Network and Lotka Volterra Equations", American Political Science Association (APSA) Philadelphia

2004.5.17 "An Application of Percolation Theory to Political Science", International Conference on Complex Systems (ICCS), Boston

2004.7.26 "An Application of Percolation Theory to Social Science" Interdisziplinäres Zentrum für komplexe Systeme, Bonn

2005.5.18 "Social Percolation in the Relations between Activists and Supporters", Understanding Complex Systems Symposium, Illinois

2005.6.24 "Mathematical Model of Conflict with Non Annihilating Multi-Opponents" (K.M.Mahbubush Salam との共同研究) US-Japan Joint Conference on Mathematical Sociology, 札幌

2005.10.2「思想の伝播」日本政治学会 東京

2006.6.26 "Conflict and Cooperation" (K.M.Mahbubush Salam との共同研究), ICCS, Boston

2006.6.27 "Simulation of Kant in Perpetual Peace" (K.M.Mahbubush Salam との共同研究), ICCS, Boston

2006.7.9 "Inequality according to Power Laws" (浅井亮子との共同研究) 日本政治学会 博多

2007.7.28「ロックとカント哲学の成立―その所有論と認識論―」社会理論学会, 東京

2007.8.8 "Hobbes and Hume with Mathematical Models", The International Society for the Systems Sciences (ISSS) 東京

2007.8.30 "Simulation of Kant in Perpetual Peace", APSA, Chicago

2007.10.30 "Political Participation according to Power Laws", ICCS, Boston
2008.1.13「所有論の可能性―ヘーゲルのあとさき―」京都ヘーゲル読書会　京都
2008.7.16 "How would Asian Government emerge through the Electronic Moneys of Private Institutions?" ISSS, Madison
2009.7.13 "Democracy makes Peace? The Possibility of Systems Thinking" ISSS, Brisbane

　本書のとりわけ，3-3の各章は，最初に英文で発表したものを，日本語に直した。他の節と，文体が異なるのを恐れている。

　また，全体としては，ヘーゲルを中心にまとめている。京都ヘーゲル読書会，ヘーゲル論理学研究会，また千田和昭氏の主宰する私的な読書会での議論は有益だった。あらためて感謝申し上げる。

　なお，本書の参考文献に，私の二冊の単著書とふたつの単著論文，及びふたつの共著論文を入れた。これらは，本書とは別に，独立の価値を有している。どうぞ本書と併せて，参照してもらえれば幸いである。

　最後になるが，本書の刊行に当たって，明治大学社会科学研究所より，出版助成を受けている。また，御茶の水書房の橋本盛作社長，小堺章夫氏にはお世話になった。感謝申し上げたい。

高橋一行（たかはし かずゆき）

1959年東京生まれ。早稲田大学第一文学部（美術史），東京都立大学理学部（物理学），明治大学大学院政治経済研究科（政治学）で学ぶ。現在，明治大学教授。
〈著書〉『ホッブズからヘーゲルへ―全体論の可能性―』（信山社，2001），『教育参加―学校を変えるための政治学―』（新読書社，2004）など。

しょゆうろん
所有論　　　　　　　　　　　　　　明治大学社会科学研究所叢書

2010年6月25日　第1版第1刷発行

著　者　高　橋　一　行
発　行　者　橋　本　盛　作
発　行　所　株式会社 御茶の水書房
〒113-0033 東京都文京区本郷 5-30-20
電　話　03-5684-0751
振　替　00180-4-14774

Printed in Japan　　　　　　　　　　印刷・製本／東洋経済印刷

ISBN 978-4-275-00890-9 C3031

国家権力――戦略―関係アプローチ	ボブ・ジェソップ 著／中谷義和 訳	菊判・四三〇頁 価格七〇〇〇円
グローバル化と国家の変容 立命館大学人文科学研究所研究叢書第一八輯	ボブ・ジェソップ 著／中谷義和 訳	菊判・四四五〇頁 価格五六〇〇円
グローバル化とリージョナリズム 立命館大学人文科学研究所研究叢書第一九輯	中島茂樹・中谷義和 編	A5判・四四五〇頁 価格五六〇〇円
資本主義国家の未来	篠田武司・西口清勝・松下冽 編	A5判・四五〇頁 価格四六五〇円
国家理論――資本主義国家を中心に	ボブ・ジェソップ 著／中谷義和 監訳	菊判・六二〇頁 価格六二〇〇円
民主政の諸類型	ボブ・ジェソップ 著／中谷義和 訳	菊判・八二〇頁 価格八二〇〇円
民主政の諸理論	デヴィッド・ヘルド 著／中谷義和 訳	菊判・五二四頁 価格七五〇〇円
二十一世紀の民主政	フランク・カニンガム 著／中谷義和・松井暁 訳	菊判・三九〇頁 価格六〇〇〇円
グローバル化と現代国家	フィリップ・レズニック 著／中谷義和 訳	菊判・二二五〇頁 価格二八〇〇円
アメリカ政治学と政治像	中本典義夫和 編	A5判・四三三〇頁 価格四八〇〇円
民主主義と支配	ジョン・G・ガネル 著／中谷義和 訳	菊判・六四〇頁 価格六〇〇〇円
	アレックス・デミロヴィッチ 著／仲正昌樹・中村隆一・古賀遥 訳	A5判・三八〇頁 価格三五〇〇円

御茶の水書房
（価格は消費税抜き）